David Wilkerson

GOTT HAT DICH NICHT VERGESSEN

David Wilkerson

Gott hat dich nicht vergessen

LEUCHTER EDITION

Leuchter Edition · Erzhausen

Titel der Originalausgabe: Have You Felt Like Giving Up Lately?

Übersetzung: KH. Neumann
Umschlaggestaltung: Bernd Scheurer
Foto: Jan Becker-Fochler / Daniel Buron

1.–4. Auflage erschienen mit dem Titel „Müde geworden?“
5. Auflage April 2002

Bestell-Nr.: 547.035

ISBN 3-87482-035-1

Leuchter Edition GmbH
Postfach 1161 · 64386 Erzhausen
Fon: (0 61 50) 97 36 - 0 · Fax: (0 61 50) 97 36 - 36
E-Mail: verlag@leuchter-edition.de
Internet:www.leuchter-edition.de

Gesamtherstellung: Schönbach-Druck GmbH, 64390 Erzhausen

Inhalt

Vorwort

An diesem Buch arbeite ich schon seit Jahren. Es entstand aus einem tiefen Drang meines Herzens, Menschen zu helfen, die innerlich in Not sind. Ich reise zum Predigen durch unser ganzes Land und in viele andere Länder, und überall finde ich Menschen in innerer Not, die mit ihren Problemen nicht fertig werden können. Oft sind es Menschen, die geschieden sind oder getrennt leben. Manchmal sind es einsame junge Menschen, die keine Liebe finden. Andere sind in ein Netz von Verzweiflung verwickelt und leiden unter Schuld, Verachtung, Depressionen oder Furcht.

Ich glaube, daß wir alle manchmal auf die eine oder andere Weise innerlich in Not sind. Wir alle brauchen Heilung für unsere Seelenwunden. Wir brauchen tiefen Frieden und echte Freiheit von den Bindungen der Sünde. Denn es ist die Sünde, welche die Ursache vieler unserer Probleme und inneren Nöte ist.

Ich hoffe, dieses Buch wird vielen Christen zu einer echten Heilung ihrer Persönlichkeit verhelfen. Eine ganze Anzahl von Menschen, die ich kenne, ist durch die Wahrheiten und die Botschaft, die ich in diesem Buch weitergeben möchte, innerlich geheilt worden.

Wahre innere Heilung ist ein Prozeß. Lesen Sie jedes Kapitel sorgfältig, und öffnen Sie sich dabei dem Wirken des Heiligen Geistes, dann werden auch Sie erleben, wie dieser Heilungsprozeß in Ihrem Leben vorwärtsschreitet. Ich kann dies getrost sagen, denn ich weiß, daß die Botschaft dieses Buches im Gebet geboren, in Tränen gebadet und im persönlichen Leben erprobt ist, und — was am wichtigsten ist — sie gründet sich auf das Wort Gottes.

1. Kapitel

Wenn Sie leiden

Auf die eine oder andere Weise leiden wir alle und sind hier alle im gleichen Boot. Auch jene Leute, die das Leben nur als großen Spaß zu empfinden scheinen, haben innere Nöte. Sie versuchen oft, diese Tatsache durch Vergnügen und übergroße Lustigkeit zu verbergen und zu verdrängen, doch es gelingt ihnen nicht. Wer leidet innerlich?

Da sind die Eltern verlorener Söhne und Töchter. Millionen von Eltern sind innerlich tief verwundet, weil die Kinder ihren gutgemeinten Rat verachten. Diese liebenden Eltern grämen sich über die Unehrlichkeit und das üble Tun ihrer Kinder, die einst so nett und anständig waren.

Die Opfer zerbrochener Ehen leiden! Die Frau, die von ihrem Mann einer anderen wegen verlassen wurde, leidet tief. Der Mann, der die Liebe seiner Frau verlor, ist innerlich in Not. Die Kinder, die nicht mehr in der Geborgenheit der Familie leben können, leiden an ihrer Seele und werden tief verwundet.

Andere leiden durch Krankheit wie Krebs, Herzleiden und die Unzahl anderer menschlicher Gebrechen. Wenn ein Arzt sagt: „Sie haben Krebs, das kann tödlich sein“, erschreckt es einen Menschen zutiefst.

Menschen, die sich liebten, zerbrechen ihr Verhältnis. Ein junger Mann oder ein Mädchen wendet sich ab und zertritt rücksichtslos die einst so schöne Gemeinschaft. Was zurückbleibt, ist ein zerbrochenes Herz.

Und was ist mit denen, die keine Arbeit haben? Den Verzweifelten, deren Träume zerbrachen? Den Einsamen, den Gefangenen, den Homosexuellen, den Alkoholikern und anderen? Es stimmt schon, wir alle leiden irgendwie manchmal innerlich. Jeder Mensch auf Erden hat sein eigenes Bündel an Not und Kummer zu tragen.

Es gibt keine physische Kur

Kein Mensch, der innerlich leidet, kann die aufsteigenden Ängste und Nöte ganz verdrängen. Auch der beste Freund ist nicht in der Lage, die Kämpfe ganz zu verstehen und die Wunden völlig mitzufühlen. Nur Gott kann wirklich die Wellen der Depression, das Gefühl der Einsamkeit und des Versagens, die über uns kommen, ganz vertreiben. Nur das Vertrauen auf Gottes Liebe kann unsere verwundeten Sinne heilen. Das verletzte und zerbrochene Herz, das still leidet, kann nur durch ein übernatürliches Werk des Heiligen Geistes gesunden, sonst hilft nichts.

Gott muß eingreifen, das ist die einzige Lösung. Wir müssen unseren leidenden Leib und unsere verletzte Seele in Seine liebenden Arme legen und uns ganz Seiner Fürsorge überlassen. Er muß uns wie ein liebevoll sorgender Vater umgeben können und uns bewußt machen können, daß Er bei uns ist und alles zum Guten wenden wird. Er muß durch Seine Kraft dem Sturm Einhalt gebieten, die Wolken von Verzweiflung und Niedergeschlagenheit vertreiben, unsere Tränen abwischen und unsere innere Unruhe durch Seinen tiefen Frieden ersetzen.

Warum ich, Herr?

Am meisten schmerzt die Tatsache, daß Sie wissen, Sie lieben Gott wirklich und können deshalb nicht verstehen, was Er Ihnen mit diesem Leid in Ihrem Leben sagen will. Wäre Ihre Liebe erkaltet, könnten Sie verstehen, warum Ihre Gebete unbeantwortet bleiben; hätten Sie sich von Ihm abgewandt, würden Sie vielleicht einsehen, warum Er Sie in Anfechtung und Not kommen läßt; wären Sie in grobe Sünde gefallen und verachteten Gott, würden Sie unter Umständen akzeptieren, daß Er Sie in dieses innere Elend geraten läßt. Doch dies alles tun Sie vielleicht nicht, sondern bemühen sich, Seinen Willen zu tun; Sie möchten Gott gefallen und Ihm mit Ihrem ganzen Leben dienen. Deshalb ist das Leid so besonders niederdrückend. Sie werden unsicher und fragen sich, was mit Ihnen nicht in Ordnung ist. Manche zweifeln dann an ihrem gesunden geistlichen Leben und manchmal sogar an ihrem Verstand. Tief im Innern flüstert eine Stimme: „Vielleicht geht es mir deshalb so, weil Gott mich nicht mehr mag? Ich muß Ihm sehr mißfallen haben, weil Er mich so hart bestraft."

Freunde bemühen sich zu helfen

Ein verwundetes oder zerbrochenes Herz verursacht das größte menschliche Leid. Die meisten anderen menschlichen Leiden sind nur physisch, aber ein verwundetes Herz muß oft innere und äußere Not tragen. Freunde und Verwandte können sich sehr bemühen, uns zu helfen. Sind sie anwesend, können sie durch ihr Lachen, durch ihre Liebe und Fürsorge die Not vorübergehend erleichtern. Doch wenn dann die Nacht kommt, empfinden wir die innere Not wieder besonders. Seelenpein wird des Nachts gewöhnlich schlimmer. Die Einsamkeit will uns wie eine Wolke überschatten, wenn die Sonne versinkt. Das innere Elend will uns schier überwältigen, wenn wir allein sind und versuchen, mit der flüsternden Stimme in uns und den Ängsten fertig zu werden.

Unsere Freunde, die uns wirklich manchmal nicht ganz verstehen können, geben allen möglichen guten Rat. Manchmal werden sie auch ungeduldig mit uns. Sie scheinen so glücklich und ohne Sorgen zu sein und können die Not nicht begreifen. Sie glauben vielleicht, man fühle sich im Selbstmitleid wohl. Sie erinnern uns daran, daß es auf der Welt viele Menschen gibt, die ebenfalls leiden mußten und doch wunderbar überwunden haben. Oft möchten sie mit uns jenes Gebet beten, das ein für allemal die Probleme löst und die Not beendet. Dann erzählt man Ihnen, Sie sollten diese Hilfe jetzt „im Glauben ergreifen, die Verheißungen in Anspruch nehmen und sich von jeder Verzweiflung abwenden".

Das alles ist gut und richtig. Aber solche Ratschläge kommen oft von Christen, die selbst diese innere Not nicht kennen. Sie sind wie Hiobs Freunde, die alle Antworten wußten, aber Hiob in seinem Elend nicht helfen konnten. Hiob sagte zu ihnen: „Ihr hingegen seid... nichtige Ärzte" (Hiob 13, 4). Sie sollten Gott danken für Freunde, die es gut mit Ihnen meinen. Doch wenn diese auch nur eine Stunde Ihr inneres Leid erleben müßten, würden sie vielleicht den Ton ihrer Ratschläge ändern und würden sagen: „Wie kannst du das nur ertragen? Ich könnte damit nicht fertig werden."

Die Zeit heilt nicht

Da ist die allgemeine Ansicht: „Die Zeit heilt Wunden." Man sagt Ihnen, Sie sollten Mut fassen und lächeln und auf die rechte Zeit warten. Manchmal habe ich den Verdacht, daß all diese schönen Sprüche von Menschen gemacht wurden, die nie tiefes Leid erfuhren. Sie klingen gut, sind aber nicht wahr. Die Zeit heilt nichts. Nur Gott kann heilen!

Wenn Ihre Seele leidet, wird dies mit der Zeit gewöhnlich nur schlimmer. Das Leid vergeht nicht, ganz gleich, was der Kalender sagt. Gewiß, im Laufe der Zeit mag das Leid ein wenig von der Oberfläche Ihres Bewußtseins verdrängt werden, doch die kleinste Erinnerung läßt es oft stärker wieder ausbrechen als zuvor.

Es hilft manchmal auch nicht, wenn man weiß, daß Christen in all den Jahrhunderten vor uns ebenfalls leiden mußten. Wir finden gewiß manchen Trost, wenn wir in der Bibel von Menschen lesen, die in gewaltigen Anfechtungen überwunden haben, doch das mag noch nicht den Sturm in Ihrer eigenen Brust stillen. Wenn Sie lesen, wie siegreich jene Ihre Kämpfe und Leiden überstanden, und Sie selbst fühlen für sich und Ihr Problem trotzdem keinen Mut, kann Sie dies manchmal sogar in das Gefühl der eigenen Unwürdigkeit und der Verzweiflung stürzen.

Doppeltes Leid

Menschen werden selten nur einmal verletzt. Die meisten, die leiden, können noch auf andere Nöte hinweisen. Ein Leid kommt zum anderen. Ein verletztes Herz ist gewöhnlich sehr empfindlich und zerbrechlich und ist sehr schnell wieder zu verletzen. Doch bei denen, die ein Herz mit harter Schale haben, wird Empfindsamkeit manchmal mit Verletzlichkeit verwechselt, Schweigen legt man wohl oft als Schwäche aus. Wenn jemand sich dem anderen völlig öffnet, meint man, er wolle sich nur aufdrängen.

Daraus ergibt sich, daß ein zartes Herz, das sich nach Liebe und Verständnis sehnt, am leichtesten zu verletzen ist. Es gibt hier auf Erden viele Menschen, die die Zuneigung eines zarten und empfindsamen Herzens zurückgewiesen und verletzt haben. Solche starken Menschen mit festen Herzen, die keinen anderen Menschen brauchen, die sich kaum je anderen Menschen öffnen, die immerfort als Beweis der Liebe Taten sehen wollen, werden selten zerbrochen. Sie werden nicht verletzt, weil sie sich verschließen. Sie sind zu stolz, um anderen zu erlauben, ihnen Wunden zuzufügen. Sie glauben, alle anderen sollten wie sie selbst sein und können deshalb leicht empfindsame Seelen verletzen. Solche Menschen lieben keine Tränen, sie mögen sich anderen nicht verpflichten und fühlen sich bedrängt, wenn sie ihr eigenes Herz öffnen sollen.

Verletzer der Herzen kommen nicht davon

Ein Teil des Kummers, den ein verletztes Herz leidet, ist der Gedanke, daß jene, durch die das Leid geschah, ohne Schwierigkeiten davonkommen. Das Herz sagt: „Ich bin verwundet worden und leide, doch ich muß auch noch den Preis bezahlen, den eigentlich jener zahlen sollte, der mich verletzt hat." Dies ist das Problem mit Kreuzen, oft wird die falsche Person daran gehängt. Doch in Gottes Büchern wird alles für den Gerichtstag aufbewahrt. Aber auch in diesem Leben schon haben Menschen, die andere verletzen, oft einen hohen Preis zu bezahlen. Ganz gleich, wie sie sich rechtfertigen wollen, sie können die Schreie der Verwundeten nicht ersticken. Wie das Blut Abels, das von der Erde schrie, so schreien zerbrochene Herzen.

Gibt es denn Balsam für zerbrochene Herzen? Ist Heilung

für die tiefen inneren Wunden? Kann das Zerbrochene wieder zusammengefügt und das Herz sogar noch stärker gemacht werden als vorher? Ja, und nochmals ja! Würde es nicht so sein, wäre Gottes Wort falsch und Gott ein Lügner — und das kann nicht sein!

Ich möchte einige einfache Überlegungen mit Ihnen teilen, wie Sie den Kummer besser besiegen können.

Hören Sie auf, nach dem Wie und Warum zu fragen. Was Ihnen widerfahren ist, ist ein sehr weitverbreitetes Leid unter der Menschheit. Ihre Situation ist durchaus nicht einmalig. Wir Menschen begegnen nun einmal solchem Kummer. Ob Sie in Ihrem Leid im Recht oder im Unrecht sind, darauf kommt es gar nicht so sehr an. Worauf es vielmehr ankommt, ist Ihre Bereitschaft, alles in Gottes Hände zu legen und Seinem wunderbaren Wirken in Ihrem Leben zu vertrauen. Die Bibel sagt: „Geliebte, laßt euch durch das Feuer (der Verfolgung) unter euch, das euch zur Prüfung geschieht, nicht befremden, als begegne euch etwas Fremdes; sondern freut euch, insoweit ihr der Leiden des Christus teilhaftig seid, damit ihr euch auch in der Offenbarung Seiner Herrlichkeit mit Frohlocken freut" (1. Petrus 4, 12.13).

Gott hat Ihnen niemals ein Leben ohne Leid verheißen, sondern immer wieder einen Weg aus dem Leid heraus. Er hat verheißen, Ihnen Ihren Kummer tragen zu helfen und Ihnen Kraft zu geben, wenn Sie vor Müdigkeit straucheln wollen.

Sie mögen durchaus getan haben, was nötig war. Sie waren bestrebt, mit aufrichtigem Herzen den Willen Gottes zu tun und sich Gott auszuliefern. Liebe war Ihre Triebkraft. Sie waren es nicht, der sich vom Willen Gottes abwandte, andere taten dies. Und gerade deshalb sind Sie nun innerlich besonders verletzt, weil Sie ja versuchten aufrichtig zu sein.

Sie können nun nicht verstehen, warum trotzdem alles so gekommen ist, obwohl Gott alles in der Hand zu haben schien. Ihr Herz fragt: „Warum hat Gott es zugelassen, daß ich erst in diese Sache hineinkam, wenn Er doch wußte, daß es nicht gut ausgehen würde?" In der Bibel finden wir manches Beispiel dafür, daß Gott gute Absichten und Pläne hat, daß aber Menschen, die nicht nach Seinem Willen fragen, solche Absichten oft zerstören.

Deshalb sollten Sie aufhören, nach Ihrer eigenen Schuld zu suchen und sich nicht mehr weiter verurteilen. Versuchen Sie nicht dauernd herauszufinden, was falsch war. Worauf es wirklich ankommt ist, was Sie jetzt denken und wollen. Ob Sie jetzt bereit sind, ganz Gott zu vertrauen. Vergessen Sie, was dahinten liegt. Ob es nun eigene Torheit war oder Schuld eines anderen, die das Leid verursacht hat, Gott allein kann helfen.

Denken Sie daran, daß Gott genau weiß, wieviel Sie tragen können. Unser himmlischer Vater sagt: „Keine Versuchung hat euch ergriffen als nur eine menschliche; Gott aber ist treu, der nicht zulassen wird, daß ihr über euer Vermögen versucht werdet, sondern mit der Versuchung auch den Ausgang schaffen wird, so daß ihr sie ertragen könnt" (1. Korinther 10, 13).

Eine üble Art der Gotteslästerung ist es, zu glauben, Gott sei letztlich der Verursacher Ihres Kummers und Leides, daß Er glauben könnte, Sie müßten erst noch ein- oder zweimal herzzerbrechenden Kummer erleben, ehe Sie so weit seien, Seinen Segen zu empfangen. So ist es nicht!

Es stimmt, daß der Herr die züchtigt, die Er liebt. Doch Züchtigung ist vorübergehend und soll uns nicht verletzen. Gott ist es nicht, der die innere Not in Ihrem Leben verursacht hat. Es ist der Feind, der Unkraut auf das Feld Ihres Herzens säte und der vielleicht andere Menschen gebraucht hat, Sie zu verletzen und Ihnen Kummer zu bereiten, so wie er versuchte, Hiob in seiner Not durch seine ungläubige Frau noch mehr zu bekümmern.

Ihr himmlischer Vater achtet auf Sie und weiß um alles, was Ihnen begegnet. Jede Träne ist gezählt. Er leidet mit Ihnen und fühlt Ihren Kummer. Er weiß noch besser als Sie, wenn es genug ist mit dem Leid. Dann streckt Er Seine Hand aus und sagt: „Genug!" Er will nicht erlauben, daß Sein Kind, das Ihm vertraut, wegen zuviel Seelennot im Zweifel untergeht. Er wird nicht erlauben, daß Sie in Ihren Tränen ersticken. Er hat vielmehr verheißen, zur rechten Zeit zu Hilfe zu kommen und die Tränen zu trocknen. Gottes Wort sagt: „Am Abend kehrt Weinen ein, und am Morgen ist Jubel da“ (Psalm 30, 6).

Wenn Sie am meisten leiden, suchen Sie Gott im Gebet und weinen Sie Ihre Bitterkeit aus. Jesus weinte. Petrus weinte bitterlich; er trug in seiner Seele das Leid, den Sohn Gottes verleugnet zu haben. Er ging allein in die Berge und weinte vor Kummer. Doch diese bitteren Tränen bewirkten in ihm ein süßes Wunder. Er kam wieder und konnte von Gott gebraucht werden, um das Reich Satans zu erschüttern.

Kürzlich sprach ich mit einem Freund, der gerade erfahren hatte, er habe unheilbaren Krebs. „Das erste, was du tust“, sagte er, „ist weinen, bis keine Tränen mehr übrig sind. Dann rückst du näher zu Jesus, bis du spürst, daß Seine Arme dich ganz fest umfangen.“

Jesus wendet sich nie von einem weinenden Herzen ab. Er sagt: „Ein zerbrochenes und zerschlagenes Herz wirst Du, Gott, nicht verachten“ (Psalm 51, 19). Er wird niemals sagen: „Nun reiß dich doch zusammen, steh auf, nimm deine Medizin, beiß deine Zähne zusammen und hör auf zu weinen.“ Nein. Er zählt unsere Tränen und versteht sie.

Sind Sie in der Seele verwundet? Leiden Sie sehr? Dann schämen Sie sich nicht — weinen Sie. Weinen Sie und lassen Sie die Tränen fließen, bis sie von allein zu Ende gehen. Doch achten Sie darauf, daß diese Tränen wirklich aus Ihrem Leid kommen, und nicht aus Ihrem Unglauben oder Selbstmitleid.

Halten Sie im Glauben fest, daß Sie überwinden werden und daß Sie, ob Sie leben oder sterben, dem Herrn gehören. Das Leben wird weitergehen. Sie würden überrascht sein, wenn Sie wüßten, wieviel Sie mit Gottes Hilfe und Seiner Kraft ertragen können. Wahres Glück meint nicht etwa ein Leben ohne Kummer und Seelenleid — keinesfalls. Echtes Glück bedeutet, im Vertrauen auf Gott getrost einen Tag um den anderen zu leben trotz allen Elends und Leides. Es heißt, sich in dem Herrn freuen können, ganz gleich, was gestern war oder morgen sein wird.

Sie mögen sich verachtet oder verlassen fühlen. Ihr Glaube mag schwach sein. Sie mögen meinen, daß Sie es nicht mehr ertragen können. Zu Zeiten mögen Leid, Tränen, Kummer und die Leere des Lebens Sie zu verschlingen drohen, doch Gott hat immer noch das letzte Wort. Er ist und bleibt der Herr!

Sie können sich nicht selbst helfen. Sie können den Kummer und das innere Leid nicht beenden. Doch unser wunderbarer Herr will zu Ihnen kommen, Er will Seine barmherzige und starke Hand auf Sie legen und Sie wieder aufrichten. Er will Sie von der Furcht befreien und Ihnen Seine nie endende Liebe offenbaren.

Blicken Sie auf und fassen Sie Mut, weil der Herr gegenwärtig ist! Wenn Sie vor lauter Wolken, die Sie umgeben, keinen Weg aus Ihrer Not heraus sehen können, dann legen Sie sich getrost in Jesu Arme, und vertrauen Sie Ihm. Er wird tun, was nötig ist! Was er möchte, ist Ihr Glaube, Ihr Vertrauen. Sagen Sie Ihm: „Herr, ich weiß, Du liebst mich! Du bist in mir! Ich werde nicht unterliegen und kein Opfer des Satans werden, denn Gott ist auf meiner Seite! Ich liebe Ihn und Er liebt mich!"

Der Grund, auf dem allein Ihr Leben aufbauen kann, ist Glaube und Vertrauen auf die Zusage des Herrn: „Keiner Waffe, die wider dich gebildet wird, soll es gelingen" (Jesaja 54, 17).

2. Kapitel

Sie können Ihr Kreuz nicht tragen

Was Jesus Seinen Jüngern in Matthäus 16, 24 sagte, ist sehr wahr: „Wenn jemand Mir nachkommen will, der verleugne sich selbst und nehme sein Kreuz auf und folge Mir." Doch Jesus konnte Sein Kreuz nicht tragen, und wir können es ebenfalls nicht. Jesus fiel unter der Last Seines Kreuzes erschöpft zu Boden, als Er es nach Golgatha zu tragen hatte. Die Bibel sagt uns nicht, wo Jesus unter Seinem Kreuz zusammenbrach, wir wissen nur, daß die Soldaten Simon von Kyrene zwangen, Jesu Kreuz zum Ort der Kreuzigung zu tragen (Matthäus 27, 32).

Jesus bekam Sein Kreuz aufgelegt und wurde von Seinen Peinigern wie ein Lamm zur Schlachtbank geführt. Doch Er trug das Kreuz nicht sehr lange, weil Er zu schwach dazu war. Es wurde dann einem anderen Mann auf die Schultern gelegt. Jesus war am Ende Seiner Kraft angekommen. Er war ein körperlich entkräfteter und zerschlagener Mann. Kein Mensch kann unendlich viele Lasten tragen. Für jeden gibt es einen Punkt, an dem er unter einer zu großen Last zusammenbricht.

Da lag Jesus auf dem Steinpflaster der Straße, das schwere Kreuz drückte Ihn zu Boden. Sie mögen Ihn geschlagen und mit Füßen getreten haben, um Ihn wieder auf die Beine zu bringen. Doch Er konnte nicht mehr. Sein Kreuz war Ihm zu schwer geworden. Was können wir daraus lernen? Würde unser Herr von uns etwas erwarten, was Er selbst nicht tun konnte? Er hat doch gesagt: „Wer nicht sein Kreuz trägt und Mir nachkommt, kann nicht Mein Jünger sein" (Lukas 14, 27). Ein Kreuz ist immer ein Kreuz, ob es nun aus Holz besteht oder eher geistlicher Art ist. Wir können nicht einfach sagen: „Sein Kreuz war eben anders." Ich persönlich schöpfe aus der Tatsache, daß Jesus Sein Kreuz nicht tragen konnte, viel Hoffnung. Es ermutigt mich, zu wissen, daß ich nicht der einzige bin, dem die Last, die er zu tragen hat, manchmal für seine eigene Kraft zu viel wird. Wir sollten hier auch nicht nach irgendeiner versteckten oder vergeistigten Auslegung suchen. Jesus wußte genau, was Er sagte, als Er uns aufforderte, unser Kreuz auf uns zu nehmen und Ihm nachzufolgen. Er wußte um das Kreuz, das auf Ihn wartete und das Ihm zu schwer werden würde. Aber warum forderte Er dann von uns, das Kreuz zu tragen, wenn Er doch unter dem Seinen zusammenbrechen würde? Er weiß, daß wir unser Kreuz nicht in unserer eigenen Kraft durch unser Leben tragen können. Er weiß um all unsere Not und unsere Hilflosigkeit, und Er weiß, wie schwer das Kreuz ist.

Hier finden wir eine tiefe Wahrheit verborgen, die wir entdecken müssen. Es ist eine so mächtige und auferbauende Wahrheit, daß sie unsere gesamte Einstellung zu aller Not und dem Leid, das uns begegnet, ändern kann. Obwohl es fast wie Gotteslästerung klingt, zu sagen, Jesus konnte Sein Kreuz nicht tragen, so ist dies doch die Wahrheit. Wir erkennen daran, daß Jesus am eigenen Leibe erfahren mußte, was es bedeutet, schwach zu sein und ohne Hilfe nicht mehr weiterzukommen. Er wurde eben in allen Dingen versucht wie wir. Doch die Versuchung bestand nicht darin, daß Er von Schwäche übermannt wurde und Sein Kreuz nicht mehr tragen konnte. Die eigentliche Versuchung liegt darin, daß wir uns anstrengen, unser Kreuz selbst wieder aufzuheben und in eigener Kraft weiterzutragen. Gott hätte das Kreuz auf übernatürliche Weise nach Golgatha schweben lassen können, oder Er hätte das Kreuz mindestens leicht machen können, so daß Jesus die Last nicht mehr spürte. Doch all das tat Er nicht. Jesu Leiden und Sterben war keine Scheinveranstaltung, sondern Er ging wirklich wie das Lamm Gottes zur Schlachtbank.

Ihr Kreuz soll Ihnen Ihre Hilflosigkeit zeigen

Gott weiß, daß nicht eines Seiner Kinder in der Nachfolge Christi sein Kreuz allein tragen kann. Wir möchten so gern gute Jünger sein, und uns selbst verleugnen und unser Kreuz allein tragen. Doch dieses Kreuz wird uns eines Tages an das Ende unserer menschlichen Kraft und Tragfähigkeit bringen. Jesus warnt uns: „Ohne Mich könnt ihr nichts tun" (Johannes 15, 5). Und genau deshalb, damit wir diese Lektion lernen, fordert Jesus uns auf, unser Kreuz auf uns zu nehmen und damit voranzuschreiten. Und gewöhnlich lernen wir nicht eher, als bis uns das Kreuz an das Ende unserer Möglichkeiten gebracht hat, daß wir nicht durch unsere Fähigkeiten und unsere Kraft überwinden und siegen können, sondern allein in Seiner Kraft. Genau das will auch Paulus zum Ausdruck bringen, wenn er sagt, er sei dann stark, wenn er schwach ist. Damit war nie gemeint, daß Gottes Weg eben ein wenig besser ist als der unsere und Seine Kraft ein wenig größer als die unsere. Gemeint ist vielmehr, daß Gottes Weg der einzige Weg ist und Seine Kraft unsere einzige Hoffnung!

Jesus blickt auf diese Welt und sieht darin viele Seiner Kinder, die so sehr irren. Sie meinen es zwar aufrichtig, versuchen aber, Ihm mit ihren eigenen Bemühungen und mit ihrem eigenen Eifer zu gefallen. Und genau deshalb findet Er Kreuze so nützlich für uns. Durch das Kreuz sollen wir an das Ende unserer eigenen Bemühungen, unserer eigenen Möglichkeiten und Fähigkeiten kommen. Doch dann soll uns so recht bewußt werden, daß wir einen haben, der stärker ist als Simon von Kyrene, der uns, gerade wenn wir am Ende sind, zu Hilfe kommen will. Doch er kann unsere Sorgen, unser Leid und unsere Last nicht übernehmen, ehe wir an dem Punkt angelangt sind, wo wir sagen: „Herr, ich kann keinen Schritt weiter. Ich bin am Ende. Meine Kraft ist dahin. Hilf mir, Herr!"

Jesus wurde „durch Schwachheit" gekreuzigt (2. Korinther 13, 4). Erst wenn wir völlig schwach werden und begreifen, daß wir aus uns selbst nichts vermögen, kann unser eigener Stolz mit gekreuzigt werden. Und aus dieser unserer Schwachheit heraus werden wir, indem wir uns im Glauben auf den Herrn werfen, durch Ihn stark gemacht. Unser Geist ist willig, unser eigenes Kreuz zu tragen, doch unser Fleisch ist zu schwach dazu. Deshalb konnte sich Paulus seiner eigenen Schwachheit und des Kreuzes rühmen. Er sagt: „Er hat zu mir gesagt: »Meine Gnade genügt dir, denn Meine Kraft kommt in Schwachheit zur Vollendung.« Sehr gerne will ich mich nun vielmehr meiner Schwachheiten rühmen, damit die Kraft Christi bei mir wohne... denn wenn ich schwach bin, dann bin ich stark" (2. Korinther 13, 9.10).

Paulus war nicht zur gleichen Zeit schwach und stark. Er wurde schwach, all der Nöte, Verfolgungen und Ängste wegen. Doch als er, seines Kreuzes wegen, in eigener Kraft nicht mehr weiter konnte, verzweifelte er nicht. Und aus dieser Schwachheit heraus erfuhr er dann die Kraft Christi und wurde stark gemacht. Deshalb rühmte er sich dessen, daß er so an das Ende seiner eigenen Kraft gekommen war, denn hier lag das Geheimnis seiner Kraft in Christus.

Was ist nun Ihr Kreuz? Es kann jede Last oder jedes Leid sein, mit dem Sie nicht fertig werden können und das Sie niederzubrechen droht. Meine drogensüchtigen Freunde nennen ihres „den Affen auf meinem Rücken". Dies ist kein spöttischer Vergleich mit dem Kreuz; sie wollen damit einfach sagen, daß ihre Gebundenheit für sie zu mächtig ist und sie zerbrechen wird. Ich habe oft gehört, daß Männer oder Frauen von ihrer Ehe sagen, sie sei das „Kreuz, das sie zu tragen hätten". Andere sehen in ihrem Kreuz ihren Beruf, der ihnen keine Befriedigung gibt, oder eine Krankheit, oder Einsamkeit, oder die Tatsache, daß sie geschieden sind. Ich habe von Menschen schon alle möglichen Erklärungen für „ihr Kreuz" gehört. Sogar von Homosexuellen hörte ich schon, daß sie ihre Veranlagung als „schweres Kreuz" bezeichnen. Da Jesus über die Einzelheiten des Kreuzes, das wir zu tragen haben, nichts sagte, meine ich, es kann irgend etwas sein, das uns in eine Krise und an das Ende unserer eigenen Möglichkeiten bringt. So kann zum Beispiel Einsamkeit ein

Kreuz sein, wenn sie uns unerträglich erscheint. Denn gewöhnlicherweise geschieht es dann, wenn wir mit uns selbst am Ende sind, daß wir dem Herrn erlauben, uns mit Seiner starken Hand zu ergreifen und uns aus unserem Selbstmitleid und unserer Selbstzerstörung herauszuholen. So kann Einsamkeit etwas Gutes sein, wenn sie uns dazu bringt, uns mit unserer ganzen Hoffnung auf den Herrn zu werfen.

„Ich tue nicht genug für Gott.“ Mein Kreuz, das von David Wilkerson, ist ein ganz eigenartiges. Doch andere mögen es ebenfalls kennen. Ich belaste mich selbst fortwährend mit dem Gedanken, daß ich nicht genug tue. Und dieses Kreuz drückt mich gewöhnlich dann am heftigsten, wenn ich wieder einmal ein neues Bestseller-Buch herausgebracht habe, oder wenn ich während einer Evangelisation vor Tausenden von Menschen predigen durfte, oder wenn ich ein neues Speisungsprogramm für hungernde Kinder begonnen habe, oder wenn ich mit Hunderten von Ehepaaren, deren Ehen gefährdet sind, seelsorgerlich sprechen konnte. Ich halte dann für einige Wochen inne, überschaue mein Leben und meinen Dienst, und dann werde ich innerlich unruhig. Irgend etwas bedrückt mich dann, und ich muß zu meiner Frau und meinen Freunden sagen: „Ich fühle mich so, als täte ich überhaupt nichts für Gott. Mein Leben ist nicht so ausgefüllt, wie es sein sollte. Ich fühle mich manchmal nutzlos.“

So oft habe ich das Gefühl, „nicht fertig“ zu sein. Mir ist dann, als würde ich meine Zeit mit unwichtigen Dingen vergeuden. Es ist schwer, sich zu entspannen, wenn eine Stimme im Innern mich verurteilt, weil ich mich „nicht ganz für Jesus aufopfere“. Ich denke an all die Dinge, die ich noch tun möchte und beschuldige mich selbst der Faulheit. Andere scheinen mir dagegen so eifrig zu sein und so diszipliniert mit ihrer Zeit und ihren Fähigkeiten umzugehen. Und dieses Kreuz scheine ich jeden Tag aufs neue aufnehmen und tragen zu müssen. Dies scheint ein Teil meines Lebens zu sein, das noch nicht völlig unter der Kontrolle des Heiligen Geistes ist. Eines Tages werde ich in Verzweiflung niederfallen und schreien: „Herr, ich kann einfach nicht mehr tun. Laß all meine Pläne und Träume schwinden. Ich will nicht mehr sein, als einfach nur Dein Jünger. Ich möchte nicht mehr mit mir selbst oder mit anderen in Konkurrenz stehen und will keine egoistischen Ziele mehr verfolgen. Nimm alles in die Hand, Herr, und nimm mir die Last ab.“ Dann wird der Herr kommen und leise flüstern: „Komm, David, laß Mich deine Last tragen.“

Geistliche Kreuze. Manchmal kann geistlicher Hochmut ein Kreuz sein. Sie laden sich eine große Bürde auf, wenn Sie beginnen, davon zu berichten, welch große Dinge Gott in Ihrem Leben tut. Gott gibt Ihnen einen gebeugten Geist; andere kommen und suchen bei Ihnen Hilfe und empfangen auch wirklich Segnungen; Sie werden auf wunderbare Weise gebraucht, andere Menschen zu ermutigen. Und Sie beginnen nun zu sagen: „Wunderbar, ich habe soviel Freude! Gott hat mich so freundlich und liebevoll gemacht. Ich habe endlich erkannt, wie ich Anfechtungen recht überwinden kann und darf wirklich im Herrn wachsen. Ich fühle, daß ich noch größere und herrlichere geistliche Erlebnisse machen und Kräfte empfangen werde. Endlich darf ich wirklich im rechten Vertrauen und Frieden leben.“

Eine Woche später finden Sie sich vielleicht im Staub wieder. Ihr geistlicher Luftballon ist geplatzt, und von den Segnungen scheint nichts mehr übrig zu sein. Sie können nur noch sagen: „Was ist geschehen? Ich habe nicht gesündigt, und doch ist die Freude verschwunden. Ich fühle mich so trocken und leer. Warum sind mir diese wunderbaren Gefühlserlebnisse nicht erhalten geblieben?“

Sie erreichen es nie

Hören Sie, Freund, Gott wird nicht zulassen, daß wir meinen, wir hätten das Ziel schon erreicht. Hier ist der Kummer mit so vielen Christen in unserer Zeit. Irgendwann hat Gott sie einmal mächtig gesegnet und ein wunderbares Werk in ihrem Leben getan. Der Heilige Geist kam auf sie und erneuerte sie durch und durch. Es war herrlich! Und nun begannen sie, überall ihre Erfahrungen zu bezeugen, aber mit ihnen selbst ist es seither geistlich bergab gegangen. Sie sind selbstgefällig und selbstzufrieden geworden. Wir sollten acht geben, daß wir nicht fallen, wenn wir glauben, am festesten zu stehen. Endlich fühlt sich dieser einst so gesegnete Christ leer und schwach. Und nachdem er ohne Erfolg versucht hat, die alten beseligenden Gefühle in sich wieder zu erwecken, schreit er verzweifelt: „Ich bin geistlich tot und fühle mich wie ein Heuchler. Es scheint, als könnte ich nicht wieder in diese enge Gemeinschaft mit dem Herrn kommen wie früher."

Ihre Liebe zu Jesus kann Sie auf Ihre Knie bringen, doch Ihr Kreuz wird dafür sorgen, daß Sie aufs Angesicht fallen — in den Staub. Und dort kann Gott Ihnen neu begegnen und flüstern: „Ich habe das erwählt, was vor der Welt schwach ist, das Törichte und das Zerbrochene, das, was nichts ist, damit sich vor Mir kein Fleisch rühmen kann."

Das Kreuz lehrt uns Selbstverleugnung

Wir werden unser Kreuz selber tragen müssen, bis wir lernen, uns selbst zu verleugnen. Hören Sie Jesus nochmals zu: „Wenn jemand Mir nachkommen will, der verleugne sich selbst und nehme sein Kreuz auf und folge Mir." Wir mißverstehen Jesus, wenn wir unter „Selbstverleugnung" das Abwenden von materiellen Dingen und von bösen Dingen verstehen. Jesus fordert hier nicht, wir sollten unser Kreuz tragen und uns von der Welt abwenden. Es ist viel ernster. Jesus sagt, wir sollten uns selbst verleugnen. Das heißt, wir sollten auch nicht auf unsere Fähigkeit bauen, unser Kreuz in unserer Kraft tragen zu können, sondern es ganz aufgeben, uns auf uns selbst zu verlassen und uns mit unserer ganzen Hoffnung auf Ihn werfen.

Es gibt Millionen von Christen, die auf ihre Selbstverleugnung stolz sind. Sie trinken, rauchen und fluchen nicht und halten sich von sexuellem Schmutz fern. Sie sind wirklich rechte Beispiele großer Selbstdisziplin. Doch sie werden nie zugeben, daß sie dies auf andere Weise erreicht haben, als durch ihre eigenen Bemühungen. Immer hört man sie sagen: „Ich kann aufhören, wann immer ich will.“ — „Der Teufel kann mich nicht überlisten.“ — „Ich weiß, was recht ist und versuche, es zu tun.“ — „Ich bin eine moralische Person.“ — „Ich lüge und betrüge nicht und halte treu meine Ehe.“

Diese lieben Christen praktizieren Selbstverleugnung, verleugnen sich aber nie selbst. In gewisser Weise sind wir alle so. Wir bemühen uns um Heiligung, und diese Bemühungen schenken uns gewöhnlich auch recht gute Gefühle. Doch Gott wird nicht erlauben, daß wir meinen, all unsere Bemühungen könnten uns retten oder helfen. Und deshalb brauchen wir das Kreuz.

Jesus will wohl sagen: „Es genügt nicht, wenn ihr gute Jünger sein wollt. Ihr könnt die Sünde nicht durch eure eigene Willenskraft überwinden und mit den Versuchungen nicht durch eigene Anstrengungen fertig werden. Ihr werdet mit euren Fähigkeiten und eurem Intellekt allein nichts erreichen. Ihr müßt begreifen lernen, daß ihr nichts in eurer eigenen Kraft tun könnt.“

Jesus zwingt uns das Kreuz nie auf

Jesus sagt: „Der... nehme sein Kreuz auf sich.“ Niemals wird Er sagen: „Bücke dich, damit Ich dir das Kreuz auflegen kann.“ Jesus zieht niemanden ein, Er will nur Freiwillige. Nicht alle Christen tragen das Kreuz. Sie können gläubig sein, ohne ein Kreuz zu tragen, aber ein Jünger Jesu können Sie so nicht sein. Ich habe schon viele Christen gesehen, die den Weg des Kreuzes verachten, es scheint ihnen nicht mehr in diese Zeit und schon gar nicht zu ihrem Leben zu passen.

Verstehen Sie mich bitte richtig: Ich will nicht den Kummer und das Leid, das mit dem Kreuz kommt, verherrlichen, sondern die Ergebnisse, die daraus entstehen können. Wenn wir dies begreifen, können wir uns mit Paulus auch über die Anfechtungen und Leiden freuen, die uns begegnen; und wir erleben diese Dinge, die uns nicht gefallen, dann nicht mehr als Unfälle und Strafen, sondern als Kreuz, das uns lehrt, unseren Willen und unser ganzes Selbst immer wieder unter den Willen Gottes zu bringen.

Wenn Sie vielleicht gerade jetzt in Kummer und Leid sind, dann sind Sie auch mitten im Heilungsprozeß, wenn Sie das Kreuz richtig verstehen. Seufzen Sie unter der Last, die Ihnen zu schwer werden will? Dann erwarten Sie etwas! Gott ist bereit, sich um Ihretwillen mächtig zu erweisen. Er will etwas für Sie tun. Und Er hat viele Wege dazu. Vielleicht tut Er es durch einen Menschen oder auf eine andere Weise. Aber Er will sich Ihrer annehmen und Ihre Bürde tragen helfen.

Das Kreuz — Zeichen Seiner Liebe

Glauben Sie nicht, lieber Freund, Ihre Prüfungen seien ein Gericht Gottes. Beginnen Sie nicht, sich selbst zu verurteilen und nach Fehlern und Versagen zu suchen. Denken Sie nicht: „Gott straft mich meiner Sünden wegen." Warum können Sie in dem Kreuz nicht die Liebe Gottes für Sie erkennen? Werden Sie gezüchtigt? Leiden Sie? Haben Sie Kummer oder Schmerzen? Fühlen Sie sich niedergeschlagen? Dies sind doch Zeichen von Gottes Liebe für Sie. Nehmen Sie das Kreuz getrost auf und seien Sie bereit, den Weg bis an das Ende zu gehen — bis an das Ende Ihres Selbstlebens.

Wir sollten verstehen lernen, daß die Wege des Kreuzes Erziehungswege Jesu für Seine Jünger sind. Wir sollten uns freuen, wenn wir erleben, wie schwach wir selbst sind, damit wir uns um so mehr auf Ihn werfen und Seine überströmende Kraft in uns erleben können. Denn wenn wir schwach sind in uns selber, dann werden wir stark in Ihm.

Jesus konnte Sein Kreuz nicht mehr selbst tragen. Warum wollen Sie es weiter tun? Für Ihn kam Simon. Für uns kam der Erlöser selbst. Wir können getrost aufstehen und weitergehen. Es ist immer noch unser Kreuz, aber jetzt liegt es auf Seiner Schulter, und wir gehen mit Ihm.

3. Kapitel

Für Ihre Zufriedenheit sind nicht andere verantwortlich

Kürzlich kamen ein bekümmerter Pastor und seine Frau zu einer seelsorgerlichen Aussprache zu mir. Nach vier Jahren Ehe, die nicht sehr gut gewesen waren, und mit zwei Kindern, dachten sie über die Scheidung nach. Ich habe seit langem keine so traurig aussehende junge Frau gesehen wie sie. Ihr Mann, der junge Pastor, rutschte unruhig auf dem Stuhl hin und her, während sie schluchzend erzählte: „Es gibt absolut keine Hoffnung mehr für unsere Ehe. Wir leben in zwei verschiedenen Welten. Er ist so total mit seinen Aufgaben beschäftigt, daß er keine Zeit für mich und die Kinder hat. Mein ganzes Leben hatte ich auf ihm aufgebaut, aber es ermüdet mich, immer daheim zu sitzen und auf ihn zu warten. Ich komme eben einfach allein nicht zurecht. Aber ich bin mir nicht sicher, ob ich ihn überhaupt noch liebe."

Es bekümmerte mich, zu sehen, wie dieses nette junge Paar wie Fremde miteinander umging. Ich erkannte bald, wo das Problem lag. Sie fanden sich gegenseitig langweilig und waren unzufrieden miteinander. Wie die meisten anderen jungen Paare hatten sie einmal vor einem Pastor gestanden und sich bei ihrer Eheschließung verliebt in die Augen geblickt. Ihre Herzen waren voll mit Hoffnungen und Erwartungen auf eine glückliche und erfüllte Ehe. Und nun, wenige Jahre später, waren ihre Hoffnungen zerfallen. Sie waren enttäuscht und konnten trotz aller Bemühungen die frühere Liebe nicht wieder entfachen.

Ich blickte der jungen Frau in die Augen und sagte: „Es ist eigentlich beschämend, daß Ihr gesamtes Glück nur davon abhängt, was Ihr Mann tut. Wenn er sich bemüht, ein guter Ehegatte zu sein und sie so behandelt, wie sie glauben, daß er sie behandeln sollte, wenn er ein wenig Zeit für sie hat — dann empfinden sie ein wenig Glück. Ihre gesamte Welt steht und fällt mit dem, was Ihr Gatte tut; und deshalb sind Sie innerlich so leer."

Sie nickte zustimmend und senkte schüchtern den Kopf, während ich fortfuhr: „Sehen Sie denn nicht, daß Sie keine ganze Persönlichkeit sind? Sie sind nur eine halbe. Sie können im Leben nicht bestehen, wenn Ihr Glück und Ihre Zufriedenheit von anderen Menschen abhängt. Eine Frau erlebt dann wahre Befreiung, wenn sie ihr Glück durch Gottes Kraft in und für sich selbst findet. Sie müssen eine eigenständige Persönlichkeit werden und nicht so von Ihrem Gatten oder anderen Menschen abhängen, um glücklich zu sein."

Ich hatte den Nagel auf den Kopf getroffen, und sie wußte es. Sie versprach, ihre Einstellung zum Leben und zu ihrer Ehe und Familie zu ändern. Als die beiden mich verließen, war ich überzeugt davon, daß die junge Frau entschlossen war, ihre Rolle als ein von andern abhängiger Mensch aufzugeben und in der Gemeinschaft mit Gott durch Jesus Christus ihr Glück in der Entwicklung ihrer eigenen Persönlichkeit zu finden.

Die Ursache für viele Scheidungen

Männer oder Frauen, die sich mit allem, was ihr Leben ausmacht, nur auf ihren Ehepartner verlassen, werden seelische Krüppel. Wir zerstören unser Verhältnis zueinander, weil wir unter dem Einfluß einer Lüge leben. Wir haben uns eingeredet, daß wir ein Recht darauf haben glücklich zu sein, und daß unser Ehepartner verpflichtet ist, für unser Glück zu sorgen. Die Gefahr für diese Einstellung liegt darin, daß wir dann, wenn wir nicht glücklich und zufrieden sind, den anderen dafür verantwortlich machen.

Viele Ehen scheitern heute deshalb, weil Männer und Frauen in ihren Ehen nicht das erwartete Glück finden. Solch ein geschiedener Ehemann sagte zu mir: „Gott segne meine liebe Frau, sie hat sich wirklich viel Mühe gegeben. Ich gab ihr drei der besten Jahre meines Lebens und hoffte, sie würde lernen, mich zu verstehen und mir helfen, mich recht wie ein Mann zu fühlen. Aber sie konnte es einfach nicht. Sie wußte nicht, wie sie mich glücklich machen konnte."

Dieser Mann wird vielleicht noch einmal oder zweimal heiraten und jedesmal hoffen, die neue Frau wird das schaffen, was die anderen nicht konnten. So suchen sie verzweifelt, einen Partner zu finden, dem es gelingt, sie so glücklich zu machen, wie sie es erwarten. Doch selten gelingt dies. Ihre Enttäuschung und Unzufriedenheit wächst mit jedem neuen Partner.

Kein anderer Mensch auf Erden kann Sie wirklich völlig glücklich machen. Den Wert Ihrer Persönlichkeit müssen Sie selbst durch das finden, was Gott in Ihrem Leben tut. Eine christliche Ehe besteht nicht aus zwei halben Persönlichkeiten, die versuchen eine ganze zu werden, sondern aus zwei Persönlichkeiten, die durch den Heiligen Geist verbunden sind. Jeder der beiden Partner muß seine eigene Identität, seine eigene Aufgabe und sein eigenes Leben in Jesus Christus finden, sonst kann eine Ehe auf die Dauer nicht so sein wie sie soll.

Warum wollen Sie einem anderen Menschen erlauben, Ihr Leben zu zerstören? Warum sollten Sie gestatten, daß andere durch ihr Tun Ihnen den Frieden und die Freude rauben können? Warum können sie nicht selbst zu einer Persönlichkeit werden, sich dem Leben stellen und sagen: „Ich werde mich durch das, was andere tun, nicht mehr entmutigen lassen. Ich will unter der Gnade Gottes zu einer eigenständigen Persönlichkeit werden und für mich selbst in Christus die Erfüllung meines Lebens finden. Ich werde nicht mehr in anderen Menschen den Sinn für mein Leben suchen. Ich möchte eine Zufriedenheit, die nicht in Scherben geht, wenn andere mich enttäuschen."

Bauen Sie nicht auf andere Menschen

Ich möchte jeder Ehefrau zurufen: „Hören Sie auf, Ihr Leben nur durch andere Menschen zu leben." Gott wollte nie, daß Sie Ihr Glück allein durch Ihren Mann und Ihre Kinder finden. Ich will damit nicht sagen, daß Sie sich von Ihrer Familie abwenden sollten — im Gegenteil. Was ich meine, ist, Sie sollten aufhören zu glauben, Ihr Glück hinge von anderen Menschen ab. Gott möchte, daß Ihr Glück und die Zufriedenheit Ihres Lebens auf dem aufgebaut ist, was Er aus Ihnen machen kann, und nicht abhängig von den Launen und Einfällen anderer Menschen.

Diese Wahrheit muß auch jeder junge Mensch lernen, wenn er die Zerstörung menschlicher Gemeinschaften, die wir heute so oft erleben, ohne größeren Schaden überstehen will. Wie können junge Menschen noch glücklich sein, wenn ihre Eltern auseinander gehen und die Familie zerfällt? Ein 19jähriges Mädchen sagte zu mir: „Meine Eltern lieben sich nun schon mehr als 23 Jahre. Ich glaube, sie führen so etwas wie eine perfekte Ehe. Sollte ich je merken müssen, daß sie doch Probleme miteinander haben und nur vor mir den Schein aufrecht halten, würde ich deshalb wohl sterben. Sollten sich meine Eltern je scheiden lassen, ich würde mich in Rauschgift, Sex und Alkohol stürzen. Ich würde mein Leben einfach wegwerfen."

„Welch schreckliche Einstellung zum Leben", sagte ich ihr. „Ist es nicht beschämend, daß Ihr ganzes Glück von dem abhängt, was Ihre Eltern tun? Wenn sich das nicht ändert, werden Sie Ihr ganzes Leben lang immer wieder Ersatz für Ihre Eltern suchen. Sie werden immer ein Idol für sich brauchen, jemand, zu dem Sie aufschauen können. Aber Sie werden nie zu einer eigenständigen Persönlichkeit werden. Wenn andere versagen, werden Sie auch mit versagen. Wie schade."

Unsere jungen Leute müssen selbst ein sinnvolles und erfülltes Leben finden, sie können darin nicht von ihren Eltern abhängig bleiben. Ich danke Gott für die vielen jungen Menschen, die ich kenne, die in Christus innerlich so froh und zufrieden und unabhängig geworden sind. Ein junger Mann sagte mir:

„Ich liebe meine Eltern, aber ich werde mein Leben durch ihre Scheidung nicht beeinflussen lassen. Ich habe mein wahres Leben durch Jesus Christus in Gott gefunden und werde es durch ihre falschen Handlungen nicht zerstören lassen."

Wir müssen für die Nöte unserer Mitmenschen dasein. Wir müssen mithelfen, die Seelenwunden derer zu heilen, die wir lieben. Wir müssen bereit sein, die Lasten anderer mit zu tragen. Doch wir können dies nur tun, wenn unser eigenes Leben, unsere eigene Zufriedenheit, unser eigenes Glück nicht von anderen Menschen abhängig ist. Nur wenn wir uns selbst in Jesus Christus als neue und eigenständige Persönlichkeiten wiedergefunden haben, können wir auch anderen helfen, aus ihrer Hilflosigkeit heraus den Herrn und sich zu finden.

Es gibt einen Weg zum Glück

Ich halte nicht viel von Rezepten, auch nicht von frommen, da jeder von uns anders ist und seine eigenen Erfahrungen machen muß. Doch ich habe für mich einen einfachen Weg zu wahrem Glück gefunden, der nicht von anderen Menschen abhängig ist. Es ist ein Glück, das nicht einmal kommt und dann wieder vergeht, das auch nicht beeinflußt wird von den Launen, Worten oder Taten anderer — auch nicht derer, die ich am meisten liebe. Wo ist dieses Geheimnis? Ich habe entdeckt, daß meine wichtigsten Bedürfnisse geistlicher Art sind, nicht materieller. Unsere menschlichen Grundbedürfnisse beinhalten Nahrung, Wasser, Unterkunft und die Luft, die wir atmen. Darüber hinaus sind die wichtigsten Bedürfnisse geistlicher Natur; und da können uns keine Menschen helfen.

Unsere Unzufriedenheit erwächst aus dem Versuch, diese Bedürfnisse durch menschliche Beziehungen zu stillen. Wenn dann die anderen Menschen in unseren Erwartungen versagen, sind wir enttäuscht und unglücklich. Da kommt zum Beispiel der Mann müde von der Arbeit heim. Er ist müde und ungeduldig und erwartet von seiner Frau, daß sie ihn versteht und aufmuntert. Seine Frau statt dessen hat andere Bedürfnisse. Sie hat sich einsam gefühlt und ist entmutigt und hofft darauf, daß er ihre Laune aufbessert. So verlassen sie sich aufeinander. Die gegenseitige Erwartung heißt: „Ich leide innerlich, Liebling, heile mich. Ich bin entmutigt, hilf mir auf. Ich bin niedergeschlagen, mach mich glücklich. Ich habe Bedürfnisse, bitte, stille meine Bedürfnisse. Lege deine Arme um mich und liebe alle meine Nöte hinweg."

Natürlich kann keiner von beiden dem anderen in seiner Not wirklich helfen, denn es handelt sich um geistliche Bedürfnisse, die allein Gott stillen kann. Sie können eine ganze Nacht in den Armen eines Menschen liegen, den sie lieben, und trotzdem am Morgen aufwachen und innerlich unzufrieden sein. Sie werden bald entdecken, daß diese Bedürfnisse nicht durch Sex oder freundliche Worte zu befriedigen sind. Deshalb zahlen manche Männer einer Prostituierten mehr als 100 Mark dafür, daß sie ihnen zuhört, wenn sie einmal ihr Herz ausschütten. Doch es hilft nie, es schafft nur für Augenblicke Erleichterung. In kurzer Zeit suchen sie wieder jemand anders, dem sie ihre Probleme erzählen können.

Wir erwarten von unseren Nächsten, daß sie die Werke Gottes tun. Wir erwarten Wunder von ihnen. Wir wissen nur, daß unsere Seele voller uns bedrängender Nöte und voller Kummer ist und daß unsere Mitmenschen da etwas tun müssen, um dies zu ändern. Oft haben einsame Menschen zu mir gesagt: „Wenn Gott mir wenigstens einen einzigen Menschen geben würde, der mich liebt, ich könnte ein viel besserer Mensch und viel besserer Christ sein. Mein innerer unzufriedener und unglücklicher Zustand ist nur das Ergebnis meiner Einsamkeit. Ich brauche einen Freund, nur dann kann ich wirklich glücklich werden."

Ich antworte dann gewöhnlich: „Das stimmt nicht. Ein anderer Mensch, ganz gleich, ob Mann oder Frau, mag Ihnen vorübergehende Erleichterung von der Bedrängnis der Einsamkeit bringen, doch so lange Sie nicht unter der Leitung des Heiligen Geistes zu einer eigenständigen Persönlichkeit werden und die Quellen entdecken, die Gott *in* Ihr Leben hineinlegen will, werden die alten Gefühle von Depression und Einsamkeit Sie immer wieder bedrängen und verzweifeln lassen.

Vor einigen Jahren sprachen meine Frau und ich mit einem Mädchen, die darauf bestand, sie sei das einsamste junge Mädchen von ganz Texas. „Wenn ich einen Mann finden und heiraten könnte, würde alles ganz anders", sagte sie. „Ich würde nie mehr einsam sein." Wir halfen ihr beten, und sie fand einen Ehepartner; einen feinen jungen Christen. Doch drei Monate nach ihrer Hochzeit war sie wieder bei uns und erklärte unter Tränen: „Ich bin immer noch einsam und leer. Ich weiß jetzt, daß nicht das Fehlen eines Ehemannes mein eigentliches Problem war, sondern ich war und bin mit mir selbst innerlich noch nicht in Ordnung." Diese junge Frau wird nie eine gute Ehefrau, wenn sie nicht lernt, unabhängig zu werden von anderen Menschen.

Eine junge geschiedene Frau bat meine Frau und mich, dafür zu beten, daß ihr Mann zu ihr zurückkehren möchte. Sie war fast hysterisch und weinte: „Ich möchte ihn unbedingt zurückhaben. Ich weiß, ich habe unsere Ehe kaputt gemacht. Ich war so töricht und unreif. Aber ich denke, ich habe daraus gelernt und bin reifer geworden. Ich glaube, diesmal würde ich alles besser machen, aber er hat jetzt ein Verhältnis mit einer anderen Frau. Ich bin so verzweifelt, daß ich, wenn Gott ihn nicht zurückbringt, in die nächste Kneipe gehen und mich ganz schlimm betrinken werde."

Ich sagte ihr, wir würden nicht für die Rückkehr ihres Mannes beten, weil sie noch nichts gelernt habe und diesmal dann alles nur noch viel schlimmer werden würde. Warum? Sie war immer noch keine gefestigte Persönlichkeit. Sie war bereit, ihre moralischen Grundsätze fortzuwerfen, wenn er nicht nach Hause käme, um sie glücklich zu machen.

Deshalb erhört Gott manchmal die Gebete solcher Menschen nicht, weil sie noch nichts gelernt haben. Sie würden die gleichen Fehler wieder machen, und zwar auch wenn sie mit jemand anders verheiratet sein würden. Sie haben immer noch keine eigene Persönlichkeit entwickelt, sondern brauchen immer andere Menschen, um sich wie auf Krücken auf diese zu stützen.

Allein Gott ist die Quelle für Glück und Zufriedenheit

Paulus sagt: „Mein Gott aber wird alles, was ihr bedürft, erfüllen nach Seinem Reichtum in Herrlichkeit in Christus Jesus" (Philipper 4, 19). Nicht der Ehemann, nicht die Ehefrau, kein Pastor, kein Psychiater, auch nicht der beste Freund — sondern allein Gott! Es ist durchaus in Ordnung und hilfreich, wenn Sie Ihre Probleme und Nöte mit Ihrem Freund oder Ihrem Seelsorger besprechen. Doch wirklich helfen können Menschen Ihnen nur, wenn sie Ihnen zeigen, daß Sie sich mit Ihren Problemen Gott stellen müssen und Ihm erlauben, in Ihrem Leben ein Neues zu schaffen. Letztlich sind Sie es, die die Krücken wegwerfen müssen, um sich ganz in die Hände Jesu zu legen.

Wenn Ihre Beziehungen zu Gott nicht in Ordnung sind, wirkt sich das auch auf all Ihre Beziehungen zu Menschen aus. Die meisten christlichen Ehepaare haben weniger Schwierigkeiten mit ihrer Ehe, als damit, daß ihr Verhältnis zu Gott nicht stimmt. Es fehlt am rechten Glauben und Vertrauen, an der täglichen Gemeinschaft mit Ihm, am Gebet und vielem anderen; und deshalb stimmt dann auch ihr Verhältnis zueinander nicht mehr.

Wenn Menschen zu mir kommen, um mit mir über ihre Eheschwierigkeiten zu sprechen, brauche ich nicht lange zu suchen, um zu entdecken, daß ihre Stellung zu Gott nicht in Ordnung ist. Sie leben nicht mehr in der rechten Gemeinschaft mit Gott, und dies hat auch ihr Verhältnis zu ihrem Ehepartner zum Negativen beeinflußt. Da, wo das rechte Verhältnis zu Gott nicht mehr besteht, fühlt man sich, auch wenn man verheiratet ist, innerlich einsam und niedergeschlagen. Die Leere, die im Leben spürbar wird, kommt von dem Hunger der Seele nach Gott. Doch die meisten Menschen erkennen nicht, daß ihre Not geistlicher Art ist, sondern machen ihre Ehepartner oder andere Menschen für ihre Probleme verantwortlich.

Wenn die Menschen, auch wir Christen, ehrlicher mit sich selber wären, müßten sie zugeben, daß es kaum Eheprobleme gibt, die nicht lösbar sind. Ihre eigentliche Not steckt vielmehr in der gestörten Gemeinschaft zu Gott. Ihr Glaube und Vertrauen zu Gott sind in Schwierigkeiten, deshalb sind sie vom Leben enttäuscht und beschuldigen andere dafür, weil sie ihren eigenen Mangel nicht zugeben wollen. Im Grunde genommen sind sie uneins mit sich selbst. Die Leere und Unruhe in ihnen ist nichts anderes als Hunger nach Gott. Doch statt sich wieder zu Gott zu wenden, geben sich viele Christen immer mehr der inneren Verzweiflung und der Beschuldigung anderer Menschen hin, die sie für ihren Zustand verantwortlich machen.

Es gibt keinen wahren Christen in der Welt, der nicht tief in seinem Herzen wüßte, daß allein Gott ihm helfen kann. Wir wissen, daß Gott unsere Seelenwunden heilen kann, Er kann zerbrochene Ehen wieder zurecht bringen, Er kann alle Tränen abwischen und uns mit neuer Freude füllen. Aber viele wenden sich nicht an Ihn, um Hilfe zu erlangen, sondern suchen diese bei Menschen.

Sie können ein erfülltes und glückliches Leben führen und eine eigenständige Persönlichkeit werden, die nicht mehr von anderen Menschen und deren Launen abhängig ist. Ich will damit natürlich keinesfalls sagen, daß wir uns nicht gegenseitig brauchen würden. Wir müssen füreinander beten, uns gegenseitig helfen, trösten und lieben; jeder Mensch braucht dies. Doch es kann keine bleibende Zufriedenheit geben, wenn wir sie von Menschen erwarten und nicht von Gott.

Kommen Sie doch mal mit all Ihren inneren Nöten, Leiden und Problemen zu unserem wunderbaren Herrn, der Ihren Mut und Ihren Glauben erneuern will. Denn allein in Seiner Gegenwart ist die beständige Fülle der Freude und des Glücks zu finden. Deshalb sagt Jesus zu uns: „Seid guten Mutes... Fürchtet euch nicht... Denn siehe, Ich bin bei euch alle Tage" (Matthäus 14, 27; 28, 20).

4. Kapitel

Müde geworden?

In letzter Zeit schreiben mir immer mehr Pastoren von ihren Sorgen für ihre Gemeindeglieder, die einfach entmutigt sind. Ein Pastor schrieb:

„Ich sehe, wie meine Gemeindeglieder sich so viel Mühe geben, um mit den Problemen ihrer Ehe und ihres persönlichen Lebens fertigzuwerden. Doch immer, wenn der Sieg in Reichweite zu sein scheint, straucheln und fallen sie wieder. Gute und aufrichtige Christen werden so sehr von ihrem Versagen und Selbstanklagen bedrängt, daß sie verzweifeln. Wenn sie dann nicht schaffen, was sie sich vorgenommen haben, sondern wieder in Sünde fallen, verzagen sie ganz und wollen aufgeben."

Ich muß den Feststellungen dieses Pastors zustimmen. Es gibt heute so viele entmutigte Christen. Es ist nicht so, daß sie Gott Vorwürfe machen würden, sie verzweifeln vielmehr an ihrem eigenen Unvermögen. Oft höre ich sie sagen: „Ich schaffe es einfach nicht, obwohl ich mir soviel Mühe gebe. Es ist hoffnungslos. Warum sollte ich mich weiter bemühen?"

Es gibt eine ganze Anzahl Pastoren in unserer Zeit, die predigen nur „positive" Botschaften. Wenn man ihnen zuhört, besteht das Leben der Christen nur aus lauter Wundern, jedes Gebet wird sofort erhört, jeder fühlt sich wohl und hat ein gutes Leben, und die ganze Welt ist hell und rosig. Ich liebe es, solche Predigten zu hören, denn ich möchte wirklich, daß es allen Kindern Gottes immer so geht, wie diese Leute predigen. Doch leider liegen die Dinge für viele aufrichtige und ehrliche Christen ganz anders. Deshalb meine ich, daß eine solche seichte Theologie, wie man sie heute von Kanzeln hören kann, eine Beleidigung für Jesus ist, der arm und gering wurde und in den Augen der Welt als Versager starb. Es ist diese Art von materialistischer Predigt, die es mit sich gebracht hat, daß viele Christen heute nicht mehr in der Lage sind, Leiden zu ertragen und mit den Problemen des Lebens fertigzuwerden.

Ich meine, es ist kein Wunder, wenn junge Menschen ihrer Niederlagen wegen verzagt aufgeben. Ihre eigenen Erfahrungen passen nicht zu dem Bild eines erfolgreichen, immer vergnügten, reichen und stets positiv denkenden Christen, das ihnen da gepredigt wird. Diese Welt ist nicht so ideal, und auch in ihrem eigenen Leben sieht es anders aus. Sie leben in Nöten, Schwierigkeiten und großen familiären Problemen. Ihre Freunde sind süchtig und flippen aus. Vor ihnen liegt oft eine ungewisse Zukunft, vor der sie sich fürchten. Einsamkeit und Verzagtheit umgeben sie.

Durch positives Denken verschwinden die Probleme nicht. Sich einreden, daß die Schwierigkeiten in Wirklichkeit gar nicht existieren, ändert auch nichts. Auch diese Apostel des Positiven vermögen es nicht, die Gethsemane-Erfahrung aus dem Leben zu streichen. Der Kelch der Leiden, die Stunde der Einsamkeit, die Nacht der Verzagtheit — auch all dies gehörte zum Leben unseres Meisters. Unsere größten Erfolge sollten wir in Gethsemane erzielen, nicht in den Kellergewölben, in denen der Goldschatz der Bundesbank lagert. Die Bibel scheint für diese „Silber-Heiligen" nichts anderes als ein nie endendes Scheckbuch für alle guten Dinge des Lebens zu sein. Alles, was auch nur annähernd so aussieht, wie die Anfechtungen und das Leiden Hiobs, wird als negatives Leben und Denken hingestellt. Denn Gott ist ja so gut, und alle, die reichlich geben, empfangen stets überströmende Segnungen. Doch trotzdem begegnen auch den entschiedensten Nachfolgern Jesu oft Kummer und Armut und Leiden, genauso wie Hiob.

Was sagen Sie zu einer Frau, deren Ehe am Zerbrechen ist und die keine Möglichkeit sieht, das Unheil aufzuhalten. Ihre Freunde haben ihr Ratschläge gegeben; ihr Pastor hat sie immer wieder ermutigt und ermahnt: „Bete weiter, Gott wird ein Wunder tun.“ Also fastet und betet sie. Sie rutscht fast auf den Knien zu ihrem Mann und bittet ihn, an ihre Ehe und die Kinder zu denken. Doch der fordert nur hart die Scheidung, obwohl sie immer wieder all ihren Glauben an einen guten Ausgang zusammenrafft. Nicht alle Ehen werden durch Gebet und gute Bemühungen geheilt. Es braucht zum Funktionieren einer Ehe immer zwei Menschen. Und auch alle Gebete und das Drängen des Heiligen Geistes können nichts ausrichten, wenn der eine Ehepartner allen Absichten und Plänen Gottes widersteht.

Manche meiner Freunde werden sich fragen, warum ich immer wieder auf Ehe, Scheidung und Familienprobleme zurückkomme. Das ist ganz einfach: In meinen Evangelisationen begegnen mir so viele Menschen, Erwachsene und Jugendliche, die dem Selbstmord nahe sind und am Leben verzweifeln. Und zum großen Teil haben ihre Probleme mit familiären Schwierigkeiten zu tun. Vater und Mutter verstehen sich nicht mehr oder sind gar schon geschieden. Immer mehr Ehen in unserer Zeit zerbrechen.

Ein Freund von mir, ein Pastor, der kürzlich geschieden wurde, berichtete mir, daß er bei einer ganzen Reihe seiner Freunde als so etwas wie ein Held angesehen wird. Ein Freund rief ihn an und fragte: „Wo hast du nur den Mut zur Scheidung hergenommen? Auch wir haben Eheprobleme, aber ich bin ein zu großer Feigling. Ich wünschte, ich hätte den Mut, diesen Schritt auch zu tun.“

Ein anderer sagte ihm: „Unsere Ehe besteht nur noch zum Schein. Wir reden nicht mehr miteinander. Ich habe es aufgegeben. Doch wie tut man den letzten Schritt zur Scheidung? Ich lege soviel Wert auf meine dienstliche Stellung und meine Sicherheit. Ich fürchte, ich verliere zu viel.“

Viele von denen, die dieses Buch lesen, mögen ihrer Probleme wegen müde und verzagt sein. Sie verstehen nicht, was ihnen in ihrer Ehe und Familie und im Leben begegnet. Irgend etwas ist nicht in Ordnung, und trotz aller Versuche können sie den Schlüssel nicht finden, der die Dinge ändern könnte.

Eine entmutigte Frau schrieb mir:

„Ich kann noch immer nicht glauben, daß mir dies alles geschieht. Ich war so sicher, und ich habe die anderen, die so viele Probleme hatten, immer nur bedauert. Ich konnte mir nicht vorstellen, daß meine eigene Ehe einmal zerbrechen könnte. Jetzt bin ich selbst ein Opfer der Scheidung geworden. Es ist entsetzlich."

Ein bekannter Seelsorger, der sich speziell mit Eheproblemen beschäftigte, erzählte mir kürzlich, daß seine eigene Ehe gefährdet sei. „Man kann heute fast keiner Ehe mehr trauen", sagte er. „Ich bin überzeugt, daß der Satan entschlossen ist, in unserer Zeit gerade die Ehen, auch die christlichen, zu zerstören. Es ist ein besonders wichtiger Punkt in seinem großen strategischen Endzeit-Angriff."

Die geheimen Kämpfe im persönlichen Leben der Christen sind manchmal ähnlich kritisch. Viele Christen sind heute Anfechtungen und Problemen ausgesetzt, die immer mehr zunehmen. Schon David schreit: „Denn meine Sünden wachsen mir über den Kopf, wie eine schwere Last sind sie zu schwer für mich" (Psalm 38, 5). Und Paulus sagt: „Denn wir freilich, die in dem Zelt (unserem irdischen Leib) sind, seufzen beschwert ..." (2. Korinther 5, 4). Ich bezweifle, daß wir auch nur ahnen, wie viele Christen im Geheimen unter den Lasten seufzen, die sie tragen müssen.

Jeder Christ hat schon Zeiten erlebt, in denen die Kämpfe und Anfechtungen zu stark werden wollten — und auch Zeiten des Versagens. Wir alle sind schon manchmal mutlos und müde geworden.

Warum fühlen wir uns so?

Warum werden wir manchmal müde? Meist deshalb, weil wir uns so benehmen, als hätte Gott die Erde vergessen. Wir zweifeln nicht an Seiner Existenz, aber unsere Gebete scheinen ungehört zu verhallen. Wir schreien verzweifelt um Hilfe, doch Er scheint nicht zu hören. Wir schleppen uns weiter und machen dabei einen Fehler nach dem anderen. Fest nehmen wir uns vor, daß es besser werden soll. Wir lesen in der Bibel, beten, bemühen uns, anderen zu helfen und Gutes zu tun, doch wir fühlen uns trotzdem oft so unbefriedigt und leer. Die Verheißungen Gottes erschrecken uns fast. Wir versuchen, sie im Glauben für uns in Anspruch zu nehmen, doch es gelingt uns nicht. Und in der Stunde der Versuchung versagen wir.

Der Zweifel will sich in uns breit machen, und Satan flüstert: „Es tut sich doch nichts. Dein Glaube kann nichts bewirken. Trotz deiner Tränen, Gebete und deines Vertrauens ändert sich nichts. Monate und Jahre gehen dahin, und deine Hoffnungen und Wünsche und Gebete sind immer noch unbeantwortet und unerfüllt. Es ist jetzt genug. Gib es doch auf." Jeder Christ kommt einmal an einen solchen Punkt.

David schreit in seiner Not: „Erwache! Warum schläfst Du, Herr? Wache auf! Verwirf uns nicht auf ewig. Warum verbirgst Du Dein Angesicht, vergißt unser Elend und unsere Bedrückung?" (Psalm 44, 24.25.)

Lieber Christ, wundert es Sie, daß große Männer Gottes die gleichen Kämpfe zu bestehen hatten wie Sie und ich heute noch? Die Bibel sagt: „Geliebte, laßt euch durch das Feuer (der Verfolgung) unter euch, das euch zur Prüfung geschieht, nicht befremden, als begegne euch etwas Fremdes; sondern freuet euch, insoweit ihr der Leiden des Christus teilhaftig seid, damit ihr euch in der Offenbarung Seiner Herrlichkeit mit Frohlocken freut" (1. Petrus 4, 12.13).

Hiob war in Gottes Augen ein untadeliger Mann. Doch auch er erlebte Zeiten, in denen er aufgeben wollte. Seine Not erwuchs aus einem schrecklichen Dilemma. Hiob war in seinem Herzen überzeugt davon, daß Gott wußte, in welcher Lage er sich befand und was er durchzumachen hatte, doch er konnte trotz aller Bemühungen nicht in die Gegenwart Gottes kommen. Er klagt: „Siehe, gehe ich vorwärts, so ist Er nicht da; und rückwärts, so bemerke ich Ihn nicht, zur Linken, während Er wirkt, so schaue ich Ihn nicht; Er verhüllt sich zur Rechten, und ich sehe Ihn nicht" (Hiob 23, 8.9).

Hiob sagte zu sich: „Ich weiß, daß Gott irgendwo ist und

daß Er mich in meiner Not sieht. Er weiß alles, was ich tue, doch trotz meiner Bemühungen kann ich Ihn nicht finden. Er versteckt sich vor mir." Er seufzt: „Ja, Gott hat mein Herz verzagt gemacht, und der Allmächtige mich in Bestürzung versetzt" (Hiob 23, 16).

Hiob war deshalb so besorgt und verängstigt, weil er glaubte, Gott würde nichts tun. Hiob forderte von Gott, Er möge ihn entweder verderben oder die Not wenden und alle Dinge wieder in Ordnung bringen, aber nicht einfach schweigen. Selbst wenn Du mich verdirbst, so weiß ich doch wenigstens, daß Du da bist.

Wo ist Hilfe?

Wie können wir lernen, Ihm zu vertrauen und Tag für Tag mit Ihm zu leben? Wir sollten zunächst aufhören, nach magischen Kuren oder Abkürzungswegen zu suchen. Ein wiedergeborener Christ sollte nicht glauben, daß sein Leben einfacher wird, wenn ihm ein Dämon der Verzweiflung, den man ihm einredet, ausgetrieben wird. Gott wird auch nicht auf die Erde kommen und unser Leben für uns leben. Der alte Versucher Satan wird sein Unwesen treiben, bis er von Christus gefangengesetzt wird. Satan wird sich immer bemühen, uns zu betrügen, zu beschuldigen und unseren Glauben zu zerstören.

Je länger ich mit Christus lebe, um so schwerer fällt es mir, an einfache fromme Kuren zu glauben, die alle Probleme mit einem Mal lösen. In meinen eigenen Kämpfen habe ich immer wieder neuen Mut und großen Trost in zwei wunderbaren Tatsachen gefunden:

Gott liebt mich wirklich! Dies ist die erste Tatsache. Gott verdammt Seine Kinder nicht, auch nicht, wenn sie versagen. Er umgibt uns wie ein liebender Vater und möchte uns aus unseren Schwachheiten heraushelfen.

Kürzlich wurde mir durch ein kleines Erlebnis diese Liebe Gottes groß. Ich ging durch den Wald, der unsere Ranch umgibt. Überall in den Bäumen flogen Vögel herum und sangen. Sie waren frei und gesund, doch ich beachtete sie nicht. Aber plötzlich sah ich einen kleinen Vogel vor mir auf dem Weg, der dahinhopste, weil er verkrüppelt war und nicht fliegen konnte. Das kleine Vögelchen bemühte sich zwar sehr, davonzukommen, doch es gelang ihm nicht. Er fiel immer wieder in den Staub. Ich blieb stehen und hob den hilflosen Vogel auf. In diesem Augenblick fiel mir ein bekannter Bibelvers ein: „Und nicht einer von ihnen (ein Sperling) fällt auf die Erde ohne euren Vater" (Matthäus 10, 29).

„Gott ist mit uns, auch wenn wir fallen", dachte ich. Er bleibt auch dann noch an unserer Seite. Er fällt nicht mit in unsere Sünde, aber Er kommt zu uns, auch in dem gefallenen Zustand, in dem wir sind. Er verläßt uns nicht und wendet sich von keinem Seiner geistlich verkrüppelten und hilflosen Kinder ab. Denn — und das sollten wir klar erkennen — wir sind dieser Sperling.

David sagt: „Ich wache und bin wie ein einsamer Vogel auf dem Dach" (Psalm 102, 8). David sah die badende Bathseba vom Dach seines Hauses aus; und er fiel und wurde zu einem zerbrochenen und verkrüppelten Sperling. Doch Gott gab ihn nicht auf. Unser Herr gibt keinen von uns auf!

Sind Sie auch gefallen? Gleichen Sie etwa dem verkrüppelten Sperling, der hilflos im Staub herumhopst? Sind Sie innerlich verwundet, leiden Sie, fühlen Sie sich verlassen und einsam? Haben Sie zu sich selbst schon gesagt: „Wie kann sich Gott um jemand wie mich kümmern? Wie kann Er mich noch immer lieben, obwohl ich schon so oft versagt habe?"

Aber Gott liebt Sie wirklich, mein Freund. Oft wird uns Seine große Liebe erst wieder richtig bewußt, wenn wir ganz am Ende angekommen sind und keinen Ausweg mehr wissen. Sie haben schon einen großen Sieg errungen, wenn Sie im Glauben festhalten können, daß Gott Sie auch in Ihrem verkrüppelten und verwundeten Zustand liebt. Es war die Hilflosigkeit des armen Vogels, die mein Mitleid erweckte. Und es sind unsere Seelenwunden und unsere Hilflosigkeit, die Gott dazu bewegen, sich uns mit Seiner Liebe und Barmherzigkeit besonders zuzuwenden. Wir sollen neu gestärkt werden durch Seine ewige Liebe. Verzweifeln Sie nicht, die Hilfe wird kommen! Wenn wir gelernt haben, wie schwach wir in uns selber sind und Seiner Liebe und Barmherzigkeit vertrauen, wird sich Gott zu uns herabbeugen und uns freundlich helfen, daß uns neue Glaubensflügel wachsen, mit denen wir uns wieder aufschwingen können.

Es ist mein Glaube, der Gott gefällt. Die zweite Tatsache ist: „Ohne Glauben aber ist es unmöglich, Ihm wohlzugefallen" (Hebräer 11, 6). Abraham glaubte Gott, und das wurde ihm zur Gerechtigkeit gerechnet.

Gott möchte wirklich, daß wir Ihm vertrauen; und dieses Vertrauen rechnet Er uns zur Gerechtigkeit an. Ich kenne manche sehr fromme und geheiligte Menschen (mindestens äußerlich), die den geraden und schmalen Weg gehen. Sie würden nie zugeben, jemals entmutigt zu sein oder versagt zu haben, und sie glauben, sie seien wirklich Heilige. Doch ihre große Sünde ist der Zweifel. Manchmal glaube ich, daß Sünder größeren Glauben haben können als manche selbstgerechte Christen.

Was tue ich, wenn Versuchungen wie eine Flut über mich hinwegrollen? Was, wenn meine Schwächen mich überwältigen wollen? Verzage ich? Gebe ich auf? Niemals! Ich komme mit allem, was mir noch geblieben ist, und das ist manchmal allein mein Glaube, zu Gott. Ich verstehe vielleicht nicht, warum es manchmal so lange dauert, bis Er eingreift, aber ich weiß, Er wird eingreifen! Er wird ganz gewiß Sein Wort halten!

Mehr als alle anderen Dinge möchte der Satan uns unseren Glauben und unser Vertrauen rauben, davon bin ich fest überzeugt. Es geht ihm nicht so sehr um meine moralischen Grundsätze, um meine guten Taten, meine Träume und Hoffnungen, aber meinen Glauben will er mir zerstören und möchte mir einreden, Gott habe mich und diese Erde vergessen.

Zwar gefällt es Gott nicht, wenn wir einmal versagen und fallen. Doch wir werden durch unser Versagen nicht aus der Bahn geworfen, wenn unser Glaube gesund bleibt. Wenn ich auch manchmal hart zu kämpfen habe und zu Zeiten meine eigene Hilflosigkeit spüre, vertraue ich doch absolut meinem Herrn. Ich vertraue Ihm, daß Er mich trotz meiner Schwachheiten, trotz aller Nöte und Leiden und meiner eigenen Hilflosigkeit festhalten und hindurchbringen wird bis zu Seinem Thron der Herrlichkeit.

Gott liebt mich, und Er möchte, daß ich Ihm vertraue. Deshalb will ich mich immer neu Seiner Liebe öffnen und will an meinem Glauben festhalten, und ich habe die feste Zuversicht, daß Er mir dabei helfen wird. „Den festen Sinn bewahrst Du in Frieden; denn er vertraut auf Dich" (Jesaja 26, 3).

5. Kapitel

Leben Sie in einer geistlichen Dürre?

Ich predige oft zu Tausenden von Menschen, doch manchmal fühle ich mich innerlich so ausgetrocknet und weit entfernt von der wärmenden Gegenwart Gottes. In diesen Zeiten der Trockenheit habe ich kein großes Verlangen, die Bibel zu lesen, sondern tue es nur aus Pflichtgefühl. Wenn ich mich leer und trocken fühle, ist kein großer Drang zum Gebet vorhanden. Ich weiß, daß mein Glaube in Ordnung ist und daß ich Jesus liebe; ich fühle auch kein Verlangen nach den Dingen der Welt. Aber es ist so, als könnte ich in solchen Zeiten nicht in die Nähe Gottes gelangen.

Haben Sie schon einmal in einem Gottesdienst gesessen und gemerkt, wie alle anderen gesegnet wurden, während Sie selbst leer ausgingen? Die anderen weinen und jubeln, beten und loben Gott, aber in Ihnen bleibt alles leer. Sie beginnen sich zu fragen, ob mit Ihrem geistlichen Leben etwas nicht in Ordnung ist. Andere Gläubige berichten von den Erfahrungen großer Segnungen Gottes und von wunderbaren Gebetserhörungen, während Sie sich bemühen müssen, im Glauben an Jesus festzuhalten. Man könnte fast glauben, man wäre nur ein Christ zweiter Klasse.

Tagebuchnotizen aus einer dürren Zeit

Fast alles, was mir während meiner stillen Zeit an Gedanken kommt, notiere ich mir. Kürzlich, während einer dürren inneren

Zeit, schrieb ich meine Empfindungen nieder. Ich denke, viele Christen werden manchmal ähnlich empfunden haben.

Ehe ich meine damaligen Gedanken hier wiedergebe, möchte ich noch um folgendes bitten: Wenn ich von Sünde schreibe, dann denken Sie bitte nicht an irgendwelche groben Verfehlungen oder schlimme Taten. Für mich ist alles Sünde, was nicht aus Glauben kommt. Ich falle oft in die ärgerliche Sünde des Zweifels. Also suchen Sie bitte dahinter nicht Dinge, die nicht gemeint sind. Denken Sie, während Sie lesen, an Ihre eigenen Sünden.

„Ich frage mich, warum Gott so weit entfernt zu sein scheint? Ist Er ärgerlich mit mir? Muß Er sich vor mir verbergen, weil es irgendein Versagen in meinem Leben gibt? Kann Er mir nicht so nahe sein, weil ich Seinem Wort gegenüber zu dickköpfig bin? Verursacht die Sünde diese Trennung?

Ist Gott mir wirklich nahe und möchte mich mit Seinem Frieden und Seiner Freude erfüllen, kann es aber nicht, weil Sünde in meinem Leben ist? Verbirgt Er Sein Angesicht vor mir, weil Er sich an Sein Wort halten muß? Er wandte sich von Israel ab, wenn sie sündigten. Muß Er dies auch mit mir tun, bis ich meine Verfehlungen einsehe und sie lasse?

Muß Er sich vor mir verbergen, weil Er mich so sehr liebt und mir damit meine innere Leere und Trockenheit so recht klar machen möchte, damit ich mich neu vor Ihm beuge und zu Ihm wende? Oder ist diese geistliche Dürre nur das Ergebnis meiner eigenen Blindheit? Will ich etwa nicht im Glauben, sondern nur in Gefühlen leben? Wartet Er vielleicht die ganze Zeit auf mich, um mich zu segnen, und ich sehe es nur nicht? Fühle ich mich so isoliert, weil mich meine Selbstvorwürfe so niederdrücken? Hat die Erkenntnis meiner eigenen Schwachheit mich dazu gebracht zu glauben, ich hätte kein Recht auf Seine Gegenwart und Seine Segnungen?“

Was ist mit Ihnen, Herr Wilkerson, werden jetzt vielleicht manche fragen, sind Sie seelisch krank? O nein! Ich vertraue fest der Liebe und Gnade Gottes und zweifle nicht an meiner Erlösung in Jesus Christus. Doch ich bin überzeugt davon, daß unsere Seele mehr braucht. Es bedarf der Gegenwart Gottes durch den Heiligen Geist. Dieses Gnadengeschenk und die Freude Seiner Nähe muß alle Winkel unserer Persönlichkeit erfüllen und uns mit Seiner unbeschreiblichen Liebe einhüllen können.

Ohne Gottes Gegenwart gibt es keinen wahren Frieden. Die innere Dürre endet erst, wenn der Tau Seiner Herrlichkeit auf uns fällt und unsere Seele durchdringt. Das Feuer des Heiligen Geistes muß in uns brennen können.

Ich wünsche mir Gottes totale Gegenwart in meinem Leben. Ich möchte in dem Strom Seiner Liebe schwimmen. Ich möchte mit der Vergebung meiner Sünden die herrliche Freiheit der Kinder Gottes erfahren und darin leben. Ich weiß, daß Gottes Wort diese Freiheit verspricht. Ich kenne viele Bibelstellen, die davon reden, daß alle, die im Geiste wandeln, die Lüste des Fleisches besiegen können. Wie wirken sich diese Verheißungen in meinem praktischen Alltagsleben aus? Was meint es wirklich, im Geiste zu wandeln? Heißt das, daß wir nie mehr versagen und nie mehr in Sünde fallen werden? Ein Kind fällt doch immer wieder einmal, wenn es läuft, und auch Erwachsene straucheln und fallen manchmal. Doch Menschen, die im Geiste wandeln, stehen wieder auf und gehen weiter, wenn sie einmal gestrauchelt oder gar gefallen sind.

Herr, Du mußt gegenwärtig sein. Wenn Du in den Zeiten meiner inneren Dürre nicht da wärest, wo würde ich dann Hoffnung hernehmen? Du bist sicherlich da und umgibst mich wie ein Vater sein Kind. Wäre es nicht so, würde das Leben sinnlos sein. Er läßt mich nicht allein, wenn ich leide und mir meiner Schwachheit so sehr bewußt bin. Jawohl, ich habe immer wieder versagt. Wie oft habe ich Ihm schon sagen müssen, wie leid mir das tut. Ich weiß, wie schwach und unwürdig ich in mir selbst bin.

Aber ich weiß dennoch, daß Er mir nahe ist und daß Er mich wieder aus der Zeit der Dürre herausbringen wird. In mir ist eine Hoffnung, die immer wieder aufflackert und die mir sagt, daß Gottes Verheißungen in meinem Leben in Erfüllung gehen werden. Es wird auf Seine Weise geschehen und zu Seiner

Zeit, aber Er wird meine geistliche Dürre in Ströme der Liebe verwandeln. Er wird mir Seinen Willen neu offenbaren, meinen Geist beleben, und Er wird mir tieferen inneren Frieden schenken als je zuvor.

O Gott, ich suche Dich mit meinem ganzen Herzen, und mein Herz öffnet sich Dir weit. Ich möchte so ganz im Geiste wandeln und Tag um Tag in Deinem Sieg leben. Ich möchte mit der Kraft erfüllt sein, die mich in der Heiligung leben läßt. Herr, ich durchforsche die Bibel in der Hoffnung, ein endgültiges Rezept zu finden, das mich beständig in der Fülle des Geistes und Deiner Gegenwart hält. Wenn ich dazu Tag und Nacht auf den Knien liegen muß, dann will ich es tun. Wenn ich dazu die Bibel immer und immer wieder lesen muß, bis ich das Geheimnis entdecke, dann will ich lesen und lesen. Die frommen Rezepte, die man geboten bekommt, reichen nicht aus, Herr.

Doch irgendwo muß der Sieg über alle Macht des Feindes zu finden sein. Irgendwie muß ich all die Lasten loswerden können, die mich quälen und unruhig machen. Gott hat völlige Freiheit und vollen Sieg über die Macht des Satans verheißen. Und deshalb wird der Tag kommen, wo ich diesen Sieg völlig ergreifen kann.

Ich vertraue darauf, daß der Heilige Geist mich in die volle Wahrheit und Freiheit führen wird. Ich kann es allein nicht und verstehe die Geheimnisse Gottes nicht, wenn der Heilige Geist sie mir nicht offenbart. Ich möchte ganz erkennen, was Gott von mir erwartet. Was Er tun will, und was ich tun soll.

Ach Herr, Du mußt auch meine Wünsche lenken und reinigen. Richte meine Wünsche auf die Dinge, von denen Du weißt, daß sie gut für mich sind. Würdest Du mir all meine Wünsche erfüllen, wäre dies für mich sicherlich zum Schaden, denn all mein menschliches Verlangen ist blind. Wir Menschen wünschen uns gewöhnlich das, was nicht zum Aufbau einer rechten geistlichen Persönlichkeit dient.

Aber ich beginne zu erkennen, Herr, daß Du mir deshalb nicht alle meine Wünsche erfüllst, weil Du mich liebst und nur das Beste für mich willst. Hilf mir, Herr, nicht mehr auf meine eigenen Wünsche zu hören, sondern auf die Stimme des Heiligen Geistes zu achten, der mir Deinen Willen groß macht und mir zeigen will, was gut für mich ist.

Wie kann ich die geistliche Dürre überwinden?

Ich muß ein beständiges Gebetsleben führen. Warum beten wir meistens nicht mehr so wie wir sollten? Wir wissen, daß Gott uns trösten und helfen möchte. Wir wissen, daß unsere Lasten verschwinden müssen, wenn wir in Seine Gegenwart gehen. Etwas tief in uns ruft uns zu vermehrtem Gebet. Es ist die Stimme des Heiligen Geistes, der sagt: „Komm!“ Komm zu dem Wasser, das den Seelendurst stillt. Komm zu dem Vater, der Erbarmen mit Seinen Kindern hat. Komm zu dem Herrn des Lebens, der uns jede Sünde und alles Versagen vergeben will. Komm zu dem Einen, der uns nicht verdammt oder vergißt oder sich von uns abwendet.

Gott verbirgt sich nicht vor uns, auch nicht, wenn wir sündigen. Es ist nur unsere Furcht, die uns verurteilt und unser Herz beunruhigt. Gott verbarg sich damals im Garten Eden nicht, als Adam und Eva sündigten. Er kam immer noch zu ihnen, rief sie und suchte ihre Gemeinschaft und Liebe. Aber wir, die Menschen, verstecken uns, weil wir unsere Schuld fühlen. Wir können uns nicht vorstellen, daß Gott uns trotzdem liebt, obwohl wir so ungehorsam und undankbar sind.

Kommen Sie doch mutig und vertrauensvoll zu Seinem Thron der Gnade, auch wenn Sie gesündigt und versagt haben. Er vergibt gern, wenn wir aufrichtig bereuen. Sie müssen nicht Stunden und Tage mit Selbstvorwürfen, Reue und Schuldgefühlen verbringen. Sie müssen sich auch den Weg zur Gnade Gottes zurück nicht verdienen. Gehen Sie zu dem Vater, beugen Sie Ihre Knie, öffnen Sie Ihr Herz und bringen Sie Ihm allen Kummer und alles Leid. Sagen Sie Ihm, wie oft Sie sich bemüht und doch versagt haben. Reden Sie mit Ihm über Ihre Einsamkeit, über Ihre Ängste und Ihr Versagen.

Wir versuchen so vieles, nur das Gebet versäumen wir. Wir lesen Bücher, suchen nach geistlichen Rezepten und Formeln.

Wir gehen zu Freunden und Seelsorgern, was nicht falsch ist, und suchen überall nach Rat und Trost. Doch zu dem einen Herrn der Herrlichkeit, der für alle unsere Probleme die Antwort kennt, gehen wir nicht.

Wir beten nicht, weil uns das oft so schwer fällt. Doch wenn plötzliche Sorgen uns überraschen, wenn Not und Leid uns begegnen, fällt uns das Beten auf einmal nicht mehr schwer. Dann schreien wir zu Gott. Und das ist ganz in Ordnung. Doch wir sollten nicht erst dann, sondern beständig eifrig beten. Wir sollten uns im Gebet Kraft und Hilfe holen, lange bevor die Krise in unser Leben kommt. Wir sollten an jedem Tag mit offenem Herzen zu unserem Gott kommen.

Wenn wir das Geheimnis des beständigen Gebetslebens vernachlässigen, ist es kein Wunder, wenn wir so leer und trocken sind. Es ist eigentlich nicht Trockenheit, sondern Lauheit. Es ist ein wachsendes inneres Erkalten, weil wir uns hängen und treiben lassen und uns immer weiter aus der heiligen Gegenwart Gottes entfernen.

Doch nichts vertreibt innere Trockenheit und Leere schneller, als wenn wir Gott im Gebet suchen. Unsere Liebe zu Ihm sollte uns in Seine Gegenwart treiben, doch wir sind mit so vielen anderen Dingen beschäftigt, so daß die Zeit uns verrinnt und für Gott keine mehr übrig bleibt. Gewiß, wir wenden uns zwischendurch oft in Gedanken mit unseren Gebeten zu Ihm. Aber nichts kann die Zeit ersetzen, in der wir die Tür hinter uns schließen und den Vater durch Jesus Christus im Gebet aufsuchen. Hier ist die Lösung für die Zeiten der inneren Dürre.

Ich muß mich nicht vor den Leiden fürchten. Ehe Christus glorreich auferstand, hatte Er eine kurze Zeit zu leiden und zu sterben. Auch wir leiden und müssen, wie Paulus schreibt, täglich sterben. Es gibt Schmerzen und Kummer in dieser Welt.

Doch wir möchten nicht leiden oder Kummer ertragen müssen. Wir möchten eine leidlose Erlösung. Wir möchten, daß Gott alle Not auf übernatürliche Weise von uns fernhält. „Bewahre mich davor, Herr“, beten wir, „denn ich bin schwach und fürchte mich. Vertreibe alle Leiden auf meinem Weg.“

Oder wir machen für das Leid Dämonen verantwortlich. Wir suchen einen Gottesmann und hoffen, er würde diese Dämonen austreiben, damit wir hier ohne Kummer und Leid unsere Straße ziehen können. Alles soll auf diese Weise verschwinden, was uns Kummer macht. Und so möchten wir auch, daß jemand uns die Hand auflegt und alle Trockenheit und Leere aus unserem Leben vertreibt. Doch echter Sieg kommt nicht immer ohne Kämpfe und Leiden. Schauen Sie auf Jesus, der in allem unser großes Beispiel ist. Auch Er mußte eine kleine Zeit leiden, ehe Er den Sieg erringen konnte. Doch Kummer währt immer nur kurze Zeit. Danach will Gott immer neuen Sieg und neue Freude schenken.

Gott will, daß wir Ihm aus freiem Willen und aus Liebe nachfolgen, und zwar auch in Schwierigkeiten. Wenn Gott uns auf übernatürliche Weise vor allen Anfechtungen, Kämpfen und Leiden bewahren würde, wäre Er es doch, der das Überwinden für uns besorgt, und nicht wir durch Seine Kraft. Nein, Gott will uns nicht vor Leiden bewahren und auch nicht vor Zeiten innerer Dürre, aber Er will uns in den Leiden und in der Dürre begegnen, uns Kraft schenken, zu überwinden und uns aus allem Leid heraushelfen.

Es ist manchmal der Wille Gottes, daß wir leiden und durch dürre Zeiten gehen müssen. Die Bibel sagt: „Daher sollen auch die, welche nach dem Willen Gottes leiden, einem treuen Schöpfer ihre Seelen anbefehlen im Gutestun“ (1. Petrus 4, 19).

Betrübnis, Kummer und Leiden sind, wenn wir sie mit Gott bestehen, immer nur die kurze Periode vor dem herrlichen Sieg mit Christus. Preis sei Gott dafür! „Der Gott aller Gnade aber, der euch berufen hat zu Seiner ewigen Herrlichkeit in Christus, Er selbst wird euch, nachdem ihr eine kurze Zeit gelitten habt, vollkommen machen, befestigen, kräftigen, gründen“ (1. Petrus 5, 10).

6. Kapitel

Sieg über hartnäckige Sünden

Sünden, die uns immer noch anhängen, bringen Christen dazu, Furcht zu haben und immer wieder demütigende Niederlagen hinnehmen zu müssen. Weil die geheimen Sünden in ihrem eigenen Leben gegen sie zeugen, sind solche Christen nicht in der Lage, mutig gegen die Sünde aufzustehen. Sie entschuldigen die Sünden anderer wegen des Ungehorsams ihres eigenen Herzens; sie können nicht von Sieg und Erlösung predigen, weil sie selbst in Niederlagen leben. Einige von ihnen haben dieses sieghafte Leben in Christus selbst schon einmal kennengelernt. Sie erfuhren die Kraft und den Mut und die Segnungen, die denen zuteil werden, die dem Herrn gehorchen. Doch heute ist nur noch ein Schatten ihres früheren Christenlebens vorhanden. Sie können der Welt nicht mehr mutig entgegentreten, weil sie Opfer der Sünde geworden sind, die in ihrem Herzen regiert. Ihre geistliche Lebenskraft ist ihnen durch die noch nicht überwundene Sünde geraubt worden.

Ein Evangelist, den Gott früher mächtig gebrauchen konnte, verkauft jetzt in einer kleinen Stadt in Texas Autos. Früher hat er voller Kraft das Evangelium gepredigt, und Tausende haben sich bekehrt. Doch dann wurde er zum Ehebrecher, verließ seine Frau und lebte mit seiner Freundin zusammen. In wenigen Wochen verlor er alles. Dieser Gottesmann ist nur noch ein Schatten seines früheren Lebens. Das Herz tut einem weh, wenn man sein bekümmertes Gesicht und seine traurigen Augen sieht.

Er lebt ständig in Furcht und kann nachts oft nicht schlafen, weil er daran denken muß, wie ganz anders sein Leben sein könnte. Seine innere Unruhe hat ihn auch körperlich krank gemacht; er hat Brustschmerzen, Magengeschwüre und erhöhten Blutdruck. Gewiß, er hat Buße getan über seine Sünde, aber die Vergangenheit läßt ihn nicht los. Gott vergibt zwar, aber Menschen nicht immer.

Ein 16 Jahre alter Jugendlicher bekannte mir: „Ich habe Sexualverkehr mit meiner Freundin. Ich habe in der Bibel gelesen, daß dies Unzucht und Sünde ist, und ich fürchte mich. Ich habe Angst, daß Gott mich richten wird, wenn die Bibel wahr ist. Doch ich tue diese Sünde weiter, und deshalb bin ich voller Furcht, Schuld und Sorge. Manchmal ist mir, als würden zwei verschiedene Personen in mir leben, eine gute und eine schlechte. Ich habe Sorge, daß die schlechte Person siegen könnte und Gott mich aufgibt. Was kann ich tun, damit das Gute in mir Sieger bleibt?"

Beide, der Evangelist und der Jugendliche, werden von Schuld, Furcht und Depressionen gefangen gehalten. Sie sind Opfer der Sünde, besiegt und gedemütigt von unsichtbaren Feinden, die ihr Leben zerstören wollen. Sünde zerbricht unsere Widerstandskraft; Sünde macht aus Kämpfern Schwächlinge.

Wir wollen von biblischen Beispielen lernen

David hatte Feinde. Da waren die Philister, die Ammoniter, die Amoriter, die Syrer und andere Feinde, die sich gegen Israel zusammentaten. Doch solange David recht stand vor dem Herrn und mit Ihm in guter Gemeinschaft lebte, konnte keiner dieser Feinde vor ihm bestehen. Er besiegte sie alle und wurde von ihnen gefürchtet. Doch als David sündigte und sich dadurch vom Herrn abwandte, wurden seine Feinde mutig und bedrängten ihn. Durch die Sünde verlor er seinen Mut und sein Vertrauen und wurde schwach.

Davids Sünde des Ehebruchs folgte nicht lange nach einem seiner größten Siege. David stellte sich den Syrern und ihren Verbündeten bei Helam und besiegte sie. Die Bibel sagt von all diesen Feinden: „Da machten sie Frieden mit Israel und dienten ihnen" (2. Samuel 10, 19).

Dieser große Held ließ sich von der Sünde verführen und begehrte Bathseba, die Frau eines anderen. Er ließ ihren Mann umbringen und beging Ehebruch mit ihr. „Doch die Sache, die David getan hatte, war übel in den Augen Gottes" (2. Samuel 11, 27).

Der Herr sandte den Propheten Nathan zu David. Und der Prophet kam keinesfalls mit einer Botschaft der Liebe und des Verständnisses. Er kam nicht, um David zu beraten, wie er seine Schuldgefühle verdrängen konnte und brachte auch keine Salbe, um das mahnende Gewissen zu beruhigen. Vielmehr sagte er: „Du bist der Mann! ... Warum hast du das Wort Gottes verachtet, indem du getan hast was übel ist in Seinen Augen" (2. Samuel 12, 7—12).

Die Sünde bringt ihr eigenes Gericht

Zu dem Mann nach dem Herzen Gottes mußte Gott sagen: „Siehe, Ich will aus deinem Hause Unglück über dich erwecken" (2. Samuel 12, 11). Kurz darauf wandte sich sein Lieblingssohn Absalom gegen ihn, und David mußte um sein Leben in die Wildnis fliehen. Welch armseliges Bild! „David aber ging die Anhöhe der Olivenbäume hinauf und weinte, während er hinaufging; und sein Haupt war verhüllt, und er ging barfuß; und alles Volk, das bei ihm war, hatte ein jeder sein Haupt verhüllt und ging unter Weinen hinauf" (2. Samuel 15, 30).

Ist dieser weinende, barfüßige und gebrochene Mann derselbe große König, der noch vor kurzer Zeit eine Weltmacht mit all ihren Verbündeten besiegt hatte? Weshalb wurde er ein so schwacher, kraftloser und furchtsamer Mann, der vor seinen Feinden floh? Wie Simson hatte David seinen Mut und seine Kraft verloren, weil er in Sünde gefallen war.

Auch Salomo, Davids Sohn und Nachfolger, wurde von all seinen Feinden gefürchtet. Seine Königsherrschaft war unvergleichlich in Herrlichkeit, Macht und Weisheit. Gott segnete ihn in allem, was er tat. Doch Salomo sündigte gegen den Herrn und verlor so die Verbindung mit Gott. Was geschah nun? Gott sagte zu ihm: „Darum, daß solches bei dir gewesen ist, und du Meinen Bund nicht beobachtet hast und Meine Satzungen, die Ich dir geboten habe, so werde Ich dir das Königreich entreißen" (1. Könige 11, 9—11).

Plötzlich fielen die Feinde über Salomo her, ja sogar sein eigener Diener erhob sich gegen ihn (1. Könige 11, 14—40).

Nicht ein einziger Feind konnte vor Israel bestehen, solange das Volk tat, was vor Gott recht war. Doch als Israel sündigte, triumphierten sogar die schwächsten Feinde über sie. Achan beging eine fluchwürdige Sünde, und die kleine Armee von Ai bereitete Israel eine demütigende Niederlage.

Wenn wir uns das Gebet betrachten, das Salomo bei der Einweihung des Tempels betete, erkennen wir, daß Israel recht gut wußte, woher seine Siege und Niederlagen kamen. Er betete: „Wenn Dein Volk Israel vor dem Feind geschlagen wird, weil sie wider Dich gesündigt haben... Wenn sie wider Dich sündigen — denn da ist kein Mensch, der nicht sündigte — und Du über sie erzürnst und sie vor den Feinden dahingibst..." (1. Könige 8, 33.46).

Wollten die Israeliten, daß ihnen der Segen Gottes erhalten blieb, mußten sie Seinen Geboten gehorchen, Ihn lieben und Ihm von ganzem Herzen dienen. Gott verhieß ihnen dafür Segnungen im Übermaß. Er sagte: „Niemand wird vor euch bestehen; euren Schrecken und eure Furcht wird euer Gott auf das ganze Land legen, auf welches ihr treten werdet" (5. Mose 11, 25).

Israel mußte hören: „Siehe, ich lege euch heute Segen und Fluch vor: den Segen, wenn ihr den Geboten eures Gottes gehorchet... und den Fluch, wenn ihr den Geboten eures Gottes nicht gehorcht" (5. Mose 11, 26—28).

Bringt diese Generation selbst den Fluch auf sich?

Solche klaren Beispiele, wie Gott sich gegen die Sünde stellt und sie straft, sollten von uns nicht übersehen werden. Werden wir deshalb Opfer der modernen Sünden, weil wir Gottes Warnungen nicht ernst genug nehmen? Wir haben nicht mit Fleisch und Blut zu kämpfen, unsere Feinde sind mächtiger; sie heißen Furcht, Depressionen, Schuld, Selbstanklage, Sorge, Unruhe, Einsamkeit, innere Leere und Verzweiflung.

Nimmt Gott es nun heute nicht mehr so genau wie früher, oder macht Er immer noch Front gegen eine sündigende und Kompromisse machende Generation? Kann es sein, daß diese modernen Feinde viele Kinder Gottes überwältigen, weil diese verborgene Sünden in ihrem Leben haben? Es war doch kein schweres Joch, das Gott Seinen Kindern auflegte, sondern Er sagte einfach: Gehorche und empfange den Segen, oder sei ungehorsam und leide unter deinen Feinden. Auch im Neuen Testament finden wir diese Botschaft wieder: „Denn die Gesinnung des Fleisches ist Tod, die Gesinnung des Geistes aber Leben und Frieden“ (Römer 8, 6).

Wir hören heute genug darüber, wie wir mit unseren Problemen und Ängsten fertig werden können, aber es wird uns zu wenig darüber gesagt, wie wir die Sünden in unserem Leben überwinden können. Man kann Krebs nicht heilen, indem man ein Pflaster darauf klebt; das Geschwür muß entfernt werden. Wir werden weiterhin von Neurosen verfolgte Menschen sein, solange wir die Sünden in unserem Leben entschuldigen. Wenn wir fortfahren, in Ungehorsam und Sünde zu leben, ist es kein Wunder, wenn wir so trübselig, besorgt und voller Kummer sind. Viele von uns sind sich durchaus im klaren darüber, daß die Sünde die Wurzel all ihrer Probleme ist. Wir wissen, daß die Sünde Furcht, Schuldgefühle und Depressionen hervorruft, und daß wir durch sie unsere geistliche Lebenskraft und unseren Mut verlieren. Doch wissen wir auch, wie wir die Sünden, die uns anhängen, überwinden können? Und was noch wichtiger ist: wollen wir es auch?

Wie können wir die Sünde überwinden, die uns festhält und die in unserem Leben fast zur Gewohnheit geworden ist? Wir können diese Sünde hassen; wir können uns selbst fest versprechen, daß wir sie nie wieder tun werden; wir können weinen und seufzen darüber — aber wie überwinden wir sie? Wie kommen wir dahin, daß die Sünde uns nicht länger versklavt, sondern daß wir sie besiegen können?

Kürzlich fragte ich mehr als 300 suchende Menschen ganz offen: „Wie viele von Ihnen kämpfen in ihrem Leben gegen eine bestimmte Sünde und können sie nicht überwinden? Wie viele haben geheime Sünden, in die sie immer wieder fallen?“ Ich war erschrocken über die Reaktion. Fast alle hoben ihren Arm und gaben damit zu, daß sie solche Opfer der Sünde waren und verzweifelt Befreiung von diesen Bindungen suchten.

Überall höre ich diese erschütternden Bekenntnisse von Niederlage und Versagen gegenüber Sünden, die uns gefangen halten. Oft handelt es sich dabei um ernste Christen, die ihren Herrn aufrichtig lieben. Es sind meist keine bösen und durch und durch verdorbenen Menschen, sondern sie müssen einfach zugeben: „Ich habe dieses eine Problem, diese eine Sünde, die mich nicht wirklich froh und frei werden läßt.“

Gibt es Sieg über die hartnäckigen Sünden?

Ich habe kein bestimmtes Rezept, das wir einfach anwenden müßten, keine magische Formel. Doch ich weiß, daß es in der Bibel viel Trost für alle gibt, die diesen Kampf zwischen Fleisch und Geist aufrichtig kämpfen. Auch der Apostel Paulus wußte um diesen Kampf, das können wir in vielen seiner Briefe lesen. Er wußte aber auch um den Sieg, den wir in Christi Erlösung haben dürfen, denn er schreibt: „Ich danke Gott durch Jesus Christus, unseren Herrn“ (Römer 7, 25).

Jawohl, wir wissen: Es gibt Sieg über alle Feinde durch Jesus Christus! Doch wie kommt diese Kraft, die den Sieg schenkt, aus dem Weinstock in mich armselige Rebe hinein? Wie wird dieser Sieg für mich Wirklichkeit? Ich liebe Jesus wirklich, und ich weiß, daß Er alle Macht hat. Ich weiß, daß Er auch mir Sieg verheißen hat, aber wie kann ich in diesem Sieg leben? Ich danke Gott dafür, daß Er mir vergeben hat, aber ich möchte auch frei sein von den Sünden, die mich immer noch gebunden halten.

Ich möchte hier drei Ratschläge weitergeben, die ich selbst erprobt habe und die mir sehr halfen, in dem Sieg zu leben, den Christus für uns auf Golgatha errungen hat.

1. Ich muß lernen, die Sünde, die mich gebunden hält, zu hassen. Immer wieder muß ich mich daran erinnern, daß auch Gott die Sünde, die noch in meinem Leben ist, haßt, und zwar in erster Linie deshalb, weil sie mir schadet. Gott haßt die Sünde, weil sie mich schwächt und furchtsam macht; ich kann so kein Gefäß zur Ehre Gottes sein, und Er kann mich nicht so gebrauchen wie Er gerne möchte. Wenn ich meine Sünde als Schwachheit entschuldige, versuche ich mir selbst einzureden, daß Gott mit mir eine Ausnahme machen und mich nachsichtig behandeln wird. Wenn ich mir einreden will, es gäbe keine göttliche Vergeltung für die Sünde, öffne ich mich selbst den zerstörerischen Sündenkräften, die meine Sinne verderben wollen. Gott will, daß ich meine Sünde verabscheue, denn es kann keinen vollen Sieg über die Sünde geben, bis ich davon überzeugt bin, daß Gott Sünde nicht duldet.

Das Wissen darum, daß Gott auch die Sünde vergilt, ist notwendig für den Schritt in die rechte Freiheit. Gott kann Sünde nicht sehen, deshalb kann Er sie auch nicht dulden und kann keine einzige Ausnahme machen. Bitte, begreifen Sie es: Ihre Sünde ist falsch und böse! Erwarten Sie nicht, daß gerade für Sie Entschuldigungen oder besondere Privilegien gefunden werden. Gott muß sich gegen alle Sünde wenden, weil sie uns zerstören kann, auch uns als Seine Kinder. Die Sünde vergiftet den reinen Strom der Heiligung, der nach dem Willen Gottes durch uns fließen soll. Wir müssen die Sünde bekennen und von ihr frei werden. Davon müssen Sie fest überzeugt sein.

2. Ich muß davon überzeugt sein, daß Gott mich trotz meiner Sünder liebt. Gott haßt die Sünde total, doch zur gleichen Zeit liebt Er mich mit unendlicher Barmherzigkeit. Seine Liebe wird sich der Sünde gegenüber nie auf Kompromisse einlassen; doch Er hält auch noch zu Seinem sündigenden Kind, weil Er es nicht verderben lassen will.

Sein Zorn gegen die Sünde und Sein Mitleid mit mir, Seinem Kind, halten sich die Waage. In dem Augenblick, wo Er sieht, daß auch ich die Sünde hasse, siegt Sein Mitleid. Mein Motiv, die Sünde zu überwinden, sollte nicht Furcht vor dem Zorn Gottes sein, sondern Liebe zu meinem himmlischen Vater, die Ihn nicht betrüben will. Wenn die Liebe die Befreiung über die Sünde nicht im Glauben ergreifen kann, dann kann es die Angst vor dem Zorn niemals. Es sollte nicht nur meine Sünde sein, die mich beschämt und demütigt, sondern das Wissen, daß Er mich trotz meines Versagens liebt und wie sehr ich Ihn immer wieder betrübe.

Denken Sie daran: Gott hat Mitleid mit uns. Er weiß um die Not meiner Kämpfe. Er ist uns nahe und will uns stets ermutigen, daß nichts uns von Seiner Liebe trennen kann. Ich weiß, daß Seine Liebe Ihn davon abhält, mich auch noch zu strafen, während ich kämpfe. Er will mir nicht weh tun und mich nicht verlassen, während ich aus Haß gegen die Sünde darum kämpfe, den Sieg zu ergreifen, der in der Erlösung Christi für mich bereit liegt. Während ich gegen den Strom schwimme, steht mein Herr immer am Ufer und ist bereit, mir ein Rettungsseil zuzuwerfen, wenn ich müde werde.

3. Ich muß Seine liebende Hilfe in meinem Kampf gegen die Sünde annehmen. Die Sünde ist wie ein Tintenfisch. Sie greift immer wieder mit vielen Fangarmen nach uns und möchte unser geistliches Leben zerstören. Selten erleben wir, daß wir mit einem Schlag von all diesen Fangarmen frei sind, obwohl auch dies durch den Sieg, den Christus uns erworben hat, möglich ist. Es ist immer wieder ein neuer Kampf gegen diese Arme, die nach uns greifen. Doch wir dürfen wissen, daß wir diesen Kampf nicht allein austragen müssen. Der Herr selbst steht uns bei, und ich darf einen Sieg nach dem anderen mit Seiner Hilfe und durch Seine Ermutigung erringen.

Der Herr sendet den Heiligen Geist zu uns, der uns klare Anweisungen gibt, wie wir die Versuchungen überwinden können, und der uns Kraft schenkt, diesen Kampf gegen die Anfechtungen der Mächte der Finsternis siegreich zu bestehen.

Doch ich muß bereit sein zu gehorchen, und vor allem muß ich auch bereit sein zu kämpfen, und gerade an diesem Punkt versagen viele Christen. Sie meinen, Gott müsse diesen Kampf für uns führen und uns die Anfechtungen ersparen. Aber gerade das tut Er nicht. Wir müssen kämpfen. Er gibt uns die Kraft dazu und will dafür sorgen, daß wir Sieger bleiben, wenn wir Ihm vertrauen. Wie Abraham, wird unser Glaube uns zur Gerechtigkeit gezählt. Mein Teil in diesem Kampf ist es, darauf zu vertrauen, daß Gott mich siegreich aus dem Kampf bringen wird.

Mit der Sünde sind auch alle anderen Feinde besiegt

Ob ich den Kampf mit der Sünde siegreich bestehe, davon hängt auch ab, wie sich all meine anderen Feinde verhalten werden. Wenn es Sieg über Sünden gibt, die mich bisher gebunden hielten, müssen alle anderen Feinde fliehen. Sorge, Furcht, Schuldgefühle, Unruhe, Depressionen und Einsamkeit, dies alles sind meine Feinde. Doch sie können mir nur Schaden zufügen, wenn ich, weil Sünde in meinem Leben ist, für sie zu einem Ziel werde, das nicht durch den Schild des Glaubens beschützt ist. Leben wir durch Christi Erlösung und die Kraft des Heiligen Geistes im Sieg über die Sünde, können wir mutig sein wie ein Löwe. Unser Gewissen kann uns nicht mehr verklagen, und wir ruhen getrost in Christus. Solche Menschen gleichen geistlichen Festungen, die der Feind nicht überrennen kann.

Möchten Sie erleben, daß Sie Sieg über alle Ihre Feinde haben? Dann beginnen Sie in der rechten Weise, indem Sie sich mit den Sünden, die Sie noch gebunden halten, in der Erlösungskraft Christi auseinandersetzen und sie besiegen. „Deshalb laßt nun auch uns, ... jede Bürde und die leicht umstrickende Sünde ablegen und mit Ausharren laufen den vor uns liegenden Wettlauf, indem wir hinschauen auf Jesus, den Anfänger und Vollender des Glaubens" (Hebräer 12, 1).

7. Kapitel

Sieg über Versuchungen

Versuchungen sind Einladungen oder Ermunterungen, Dinge zu tun, die Gott nicht gefallen. Und besonders in unserer Zeit wütet Satan wie ein brüllender Löwe auf dieser Erde und versucht, die Christen durch offene oder listig versteckte Versuchungen in seine Gewalt zu bekommen. Niemand kann diesen Versuchungen entgehen, und je näher ein Christ versucht in der Gegenwart Gottes zu leben, um so mehr wird Satan ihm mit Anfechtungen begegnen. Sünder können eigentlich gar nicht versucht werden, sondern nur wahre Kinder Gottes. Der Regen kann den Körper, der sich schon unter Wasser befindet, nicht mehr erreichen. Unbekehrte Menschen sind schon in ihren Übertretungen ertrunken, sie sind Kinder der Macht des Bösen und tun, was Satan ihnen diktiert. Sie brauchen nicht versucht zu werden, denn als Sklaven der Sünde sind sie nicht frei zu wählen, ob sie sündigen wollen oder nicht. Solche Menschen werden einfach einmal vom irdischen zum ewigen Tod gehen, denn sie sind schon jetzt tot in ihren Übertretungen und Sünden und kämpfen nicht den Kampf der in Christus Lebendiggemachten. Deshalb sagt uns unser Herr, wir sollen uns freuen, wenn wir versucht werden, denn wir erleben damit etwas, das nur wiedergeborenen Christen widerfährt.

Versuchungen sind eine Art beschränkter geistlicher Krieg. Gott achtet darauf, daß dieser Krieg soweit beschränkt bleibt, daß wir die Versuchungen noch ertragen können. Christus möchte Nachfolger, die in den Anfechtungen bewährt sind und die den Satan überwunden haben.

Versuchungen sind unter keinen Umständen Anzeichen dafür, daß ein Christ etwa schwach würde oder sich wieder der Welt zuwendet, sondern eher das Gegenteil. Je treuer wir uns an Gott halten, um so mehr wird der Satan uns in Versuchungen und Anfechtungen führen. Auch Jesus wurde vom Heiligen Geist in die Wüste geführt und den Versuchungen Satans ausgesetzt, damit Er in der Kraft des Geistes die Versuchungen überwinden und auch darin uns allen ein Vorbild sein konnte. Gott sagte damit: „Sohn, Ich habe Dir den Heiligen Geist in der ganzen Fülle gegeben, und Ich habe Dich vor der Welt bestätigt. Jetzt werde Ich dem Satan erlauben, mit allen feurigen Pfeilen nach Dir zu schießen, die er hat. Ich lasse dies zu, damit Du ihn dort in der Wüste schon besiegen kannst und Dich nie mehr vor ihm fürchtest, wenn Du dann ausgehst, um das Evangelium vom Reiche Gottes zu predigen. Du weißt dann, daß Du den Satan immer wieder überwinden kannst, weil die Kraft des Heiligen Geistes in Dir stärker ist als alle Macht der Hölle."

Aus diesem Grunde läßt Gott zu, daß Seine Kinder auch heute noch angefochten und versucht werden. Wir sollen dadurch lernen, daß Satan im Grunde genommen besiegt ist und daß wir jede Versuchung überwinden können, wenn wir ihm als solche, die erlöst sind durch Jesus Christus und erfüllt sind mit der Kraft des Heiligen Geistes, entgegentreten.

Uns Christen gegenüber ist Satan eigentlich nichts anderes als ein Papiertiger. Er kann zwar gewaltig brüllen und uns seine schrecklichen Klauen und Zähne zeigen, doch mehr kann er nicht, wenn wir ihm voller Mut und Glauben entgegentreten, weil wir wissen, daß die überwältigende und allmächtige Kraft Gottes mit uns ist. Wenn Gott also die Versuchungen zuläßt, will Er uns damit zeigen: „Sieh, wie machtlos Satan in Wirklichkeit ist, wenn du Mir vertraust. Er führt nur einen Scheinkampf und will dich mit seinen schrecklichen Bedrohungen erschrecken und mit seinen Fallen überlisten. Doch du mußt dies durch deine eigenen Erfahrungen selbst herausfinden. Deshalb stelle dich ihm ohne Furcht und lasse dich nicht erschrecken. Satan kann dich zu nichts zwingen, wenn du Mein Kind bist.

Aber wenn du ihm mutig und im Glauben auf den Sieg Jesu entgegentrittst, wird sich herausstellen, daß er nur einen Scheinkampf führt. Dann wird er vor dir fliehen müssen, weil Ich mit dir bin."

Es genügt allerdings nicht, wenn wir sagen, daß es keine Sünde ist, versucht zu werden. Es geht nicht darum, daß wir lernen, daß Versuchungen Erfahrungen sind, durch die alle Christen gehen müssen, sondern wir müssen lernen, wie wir die Versuchungen überwinden können. Wir möchten wissen, woher wir die Kraft und den Mut nehmen, zur Versuchung nein zu sagen und dem Satan zu widerstehen. Manchmal überfällt uns der Satan mit seinen Versuchungen so überraschend, daß keine Zeit mehr ist, in das Gebetskämmerlein zu fliehen oder in der Bibel Rat zu suchen. Es mag gerade auch kein guter gläubiger Freund in der Nähe sein, dessen Vertrauen uns hilft. Plötzliche Anfechtungen und Versuchungen erfordern oft sofortige Entscheidungen. Wo also liegt das Geheimnis, daß wir zu jeder Zeit wachsam und bereit sind, den Versuchungen zu widerstehen?

Wir finden die Kraft zum Überwinden nicht darin, daß wir unser Gedächtnis mit Bibelversen vollstopfen; auch nicht im Fassen guter Vorsätze oder indem wir viele Stunden mit Gebet und Fasten verbringen; auch der ständige Umgang mit gläubigen Freunden hilft nicht, und genausowenig die Bereitschaft, an einer geistlichen Aufgabe mitzuarbeiten. Diese Dinge sind alle gut und für ein normales geistliches Wachstum sehr empfehlenswert, doch der Sieg über die Versuchungen liegt nicht in ihnen.

Die Furcht vor Satans Macht muß zerbrochen werden

Das schlichte Geheimnis zur Überwindung aller Versuchungen liegt darin, daß wir die Angst vor der Macht Satans besiegen. Die Angst ist neben der Sünde die einzige Macht, die der Satan über den Menschen hat. Gott hat uns den Geist der Furcht nicht gegeben, der kommt allein von dem Satan. Doch der Mensch fürchtet sich vor dem Teufel, vor Dämonen und vor seinem eigenen Versagen; er fürchtet sich davor, daß sich seine alten Gewohnheiten vielleicht nicht ändern lassen; und er ist besorgt, das Verlangen seines alten Menschen könnte immer wieder die Herrschaft über ihn erringen. Wir Menschen fürchten uns davor, die Sünde könnte stärker sein als die Erlösungskraft Christi. Wir schreiben dem Teufel viel mehr Macht zu, als er wirklich hat. Wir Menschen schreien: „Ich bin gebunden! Es ist nicht zu ändern! Ich bin der Macht des Satans ausgeliefert! Der Teufel zwingt mich dazu, dies zu tun."

Die Furcht kann quälend sein. Solange Sie sich vor dem Teufel fürchten, können Sie die Macht der Versuchungen nicht überwinden. Deshalb ist es dem Teufel recht, wenn Filme wie „Der Exorzist" oder „Das Omen" oder ähnliche andere gezeigt werden, die den Menschen in Schrecken versetzen. Deshalb freut sich der Teufel über die Lehre, die jetzt sogar in viele christliche Gemeinden kriecht, daß auch wiedergeborene Christen von Dämonen besessen sein können. Da werden die Menschen ängstlich. Und Satans Waffe ist die Furcht. Christen, die sich vor dem Teufel fürchten, haben wenig oder gar keine Kraft, seinen Verführungen zu widerstehen.

Satan baut alles auf eine Lüge auf. Und diese Lüge heißt: Der Teufel hat genug Macht, gläubige Christen unter seinen Anfechtungen zu zerbrechen. Doch das ist nicht wahr! Wenn Menschen sich gläubig unter die Deckung des Blutes Jesu begeben und in Seiner Erlösung leben, ist alles Anrecht, das der Satan an ihnen haben könnte, zerbrochen. Satans Macht reicht nicht aus, Menschen, die unter der Deckung des Blutes Jesu stehen, zu besiegen, wenn diese Menschen das nicht selbst durch Unglauben, Furcht oder Ungehorsam zulassen.

Was tun wir, wenn wir versagen?

Wir haben festgestellt, daß es keine Sünde ist, versucht zu werden. Ich möchte noch eine weitere Feststellung machen: Es ist nicht die größte Sünde, in der Versuchung einmal zu versagen. Die größte Sünde ist vielmehr, wenn wir nicht glauben, daß Gott Kraft hat, uns in der Versuchung zu bewahren oder, wenn wir versagt haben, uns wieder aufzurichten. Einer der wichtigsten Schritte, den wir als Christen machen können, ist der, nachdem wir versagt haben und gefallen sind, wieder aufzustehen und weiterzugehen.

Wir sagten, daß wir nicht von den Versuchungen erlöst sind. Aber von der Furcht sind wir befreit, daß der Teufel uns besiegen könnte. Wir werden immer wieder Versuchungen bestehen müssen, bis wir einmal bei Jesus in der Herrlichkeit sind. Doch wir sollten in unerschütterlichem Vertrauen in der Tatsache ruhen, daß Satan besiegt ist und daß er kein Recht mehr an uns hat, so daß wir aus jeder Anfechtung oder Versuchung nur noch mehr wie Gold oder Silber geläutert hervorgehen können.

Ein Mensch, der in dieser Siegesgewißheit nicht sicher ist, ist wankelmütig auf allen seinen Wegen. Solch ein Christ ist einer, der immer noch glaubt, die Macht sei zwischen Gott und Satan geteilt. Deshalb wird ein solcher Mensch in Zeiten der Anfechtung leicht fallen, weil er Gottes Sieg und Macht aus den Augen verloren hat und statt dessen auf das blickt, was der Teufel in seinem Leben anrichten kann. Doch wir sollten wachen und beten, damit wir nicht in Versuchung fallen, denn der Geist ist willig, aber das Fleisch ist schwach. Doch der Heilige Geist in uns will uns lehren, unser Vertrauen auf Gott zu setzen und furchtlos zu sein; während das Fleisch uns immer wieder furchtsam machen will.

Wir überwinden allein durch den Glauben

Die Bibel sagt: „Der Herr weiß die Gottseligen aus der Versuchung zu erretten“ (2. Petrus 2, 9). Wie? Indem Er uns im Feuerofen mit Seiner Gegenwart umgibt, bis wir von dort herauskommen und singen: „Der in uns ist größer als der, welcher in der Welt ist“ (siehe 1. Johannes 4, 4); bis wir gelernt haben, daß wir nur durch den Glauben überwinden können und begriffen haben: „Hierzu ist der Sohn Gottes geoffenbart worden, damit Er die Werke des Teufels vernichte“ (1. Johannes 3, 8).

Wir brauchen in den Versuchungen nicht zu unterliegen, doch leider kann es doch einmal geschehen. Selbst den treuesten Nachfolgern Christi widerfährt dies. Deshalb hat Gott in Seiner Liebe auch für solche Augenblicke unseres Versagens besondere

Vorkehrungen getroffen. Wir lesen: „Meine Kinder, ich schreibe euch dies, damit ihr nicht sündigt; und wenn jemand sündigt — wir haben einen Sachwalter beim Vater: Jesus Christus, den Gerechten“ (1. Johannes 2, 1).

Unser Herr ist betrübt, wenn wir in einer Anfechtung versagen. Doch viel betrübter ist Er noch, wenn wir nicht lernen, wie wir in den Versuchungen bestehen können. Am meisten bekümmert Ihn, daß wir nicht genug Vertrauen in Seine Überwindermacht haben. Mehr als über das, was wir tun, sorgt sich Gott oftmals über das, was wir nicht tun. Jesus weinte über Jerusalem; allerdings nicht der Sünden wegen, die in der Stadt geschahen, sondern weil Er ihnen Frieden und Erlösung angeboten hatte und sie Sein Angebot nicht annahmen. Sie hatten keinen Glauben an ihren Erlöser und Messias. Sie vertrauten Seiner Macht nicht. Ihr Unglaube war es, der Jesus weinen ließ. Ein Sünder ist ein Mensch, der mit dem Glaubensbekenntnis lebt, der Teufel habe mehr Macht als Gott. Der Christ, der überwindet, ist einer, der mit seinen Worten und seinem Leben bezeugt: „Gott hat die Macht, das Königreich und die Herrlichkeit für immer und ewig! Amen!“

Manche Christen möchten gar nicht ganz über ihre Versuchungen Sieger werden, sondern spielen noch gern mit ihnen. Sie wissen, daß Gott ihnen Kraft schenken kann, die Sünde zu überwinden, doch tief in ihrem Inneren ist auch noch der Wunsch nach ein wenig Lust, nach etwas Vergnügen dieser Welt, das Gott nicht gefällt, vorhanden. Irgendwie wollen sie gar nicht ganz überwinden, sondern etwas von den alten Vergnügungen übrigbehalten, die so reizvoll sind. Sie möchten natürlich den Herrn nicht betrüben oder gar sich von Ihm abwenden. Sie wollen Erlösung — zumindest ab und zu; sie hätten gern so eine halbe Befreiung.

Es gibt in unserer Zeit leider zu viele Christen, die Angst haben, Christus alles auszuliefern, weil sie immer noch ein wenig nach dem verlangen, was Satan anzubieten hat. Und der Satan macht den Christen das Nachgeben in der Versuchung ja so einfach und bequem.

Gott gibt uns das Verlangen, zu überwinden

Durch das Wirken des Heiligen Geistes in unserem Leben weckt Gott in uns das Verlangen, die Anfechtungen zu überwinden. Und durch denselben Heiligen Geist gibt Er uns dann auch die Kraft, überwinden zu können. Unsere Aufgabe ist es, im schlichten Vertrauen auf das Wirken des Heiligen Geistes einzugehen und zu den Versuchungen nein zu sagen. „Denn Gott ist es, der in euch wirkt sowohl das Wollen als auch das Wirken über euren guten Willen hinaus" (Philipper 2, 13).

Möchten Sie Kraft haben, allen Versuchungen zu widerstehen? Dann hören Sie auf, des Teufels Macht zu bestaunen und zu fürchten. Glauben Sie nicht mehr, er könne Sie zur Sünde zwingen, er hat nicht die Macht dazu, wenn Sie nicht wollen. Gebrauchen Sie Ihren Schild des Glaubens. Schauen Sie den Anfechtungen mutig ins Gesicht und rufen Sie: „Der Böse kann mich nicht antasten" (siehe 1. Johannes 5, 18). Wenn Sie die Furcht vor der Macht Satans überwinden, können Sie in der Kraft Jesu auch jede Anfechtung besiegen, die der Feind Ihnen sendet. Denken Sie immer daran: „Steht fest ... und in nichts laßt euch von den Widersachern erschrecken" (Philipper 1, 27.28).

8. Kapitel

Christ, lege dein Schuldgefühl ab

Christen sind seltsame Wesen. Sie predigen in der ganzen Welt von der Liebe Jesu und von Seiner Vergebungsbereitschaft für jede Sünde. Sie erzählen den Heiden, den Süchtigen, den Alkoholikern, den Prostituierten: „Kommt zu Christus und laßt euch vergeben. Er hat am Kreuz für eure Sünden bezahlt, also kommt und nehmt die Vergebung und Heilung für eure Seelennöte in Empfang. Ihr könnt Frieden haben und frei werden von Schuld.“ Als Ergebnis davon kommen Sünder mit schuldbeladenem Gewissen zu Christus und empfangen sofort Vergebung und Befreiung.

Was dem Christen aber meist sehr schwer fällt, ist, für sich ebenfalls dieselbe Liebe und Vergebungsbereitschaft Gottes zu akzeptieren, die er den Sündern predigt. Wenn Christen gegen ihren Herrn sündigen, beginnen sie, eine Schuld mit sich herumzutragen, die ihnen zur zu schweren Last werden kann. Christen möchten für ihr Versagen bezahlen, sie möchten dafür bestraft werden.

„Aber Herr“, argumentiert der Christ, „ich habe gesündigt, obwohl ich es besser wußte. Ich kannte Deine Gebote, und Du hast mich doch erlöst, Herr. Wie kann mir so einfach vergeben werden, wo ich doch meinen Erlöser so betrübt habe? Ich habe nicht auf die Warnungen des Heiligen Geistes gehört, sondern habe dickköpfig meinen eigenen Willen getan und gesündigt.“

Die Gefahr der Schuldgefühle

Schuldgefühle sind gefährlich, denn sie können den Glauben zerstören. Dem Feind der Seelen geht es weniger darum, Christen zu Ehebrechern, Süchtigen oder Prostituierten zu machen; er will eigentlich nur eines, daß der Christ seinen Glauben verliert. Er benutzt die äußeren Verführungen, um unseren Geist und die Seele zu verderben.

Satan versuchte nicht, aus Hiob einen Ehebrecher oder Säufer zu machen. Ihm ging es um etwas ganz anderes. Er wünschte, Hiob solle Gott verfluchen. Er wollte Hiobs Vertrauen zu Gott zerstören. Genauso ist es heute noch. Bei unserem Kampf geht es gar nicht so sehr um Sex, Drogen, Alkohol oder Lust, sondern um unseren Glauben. Glauben wir wirklich, daß der Herr unser Befreier ist? Ist Er mit uns, um uns in der Stunde der Anfechtung beizustehen? Sind Seine Verheißungen wahr? Können wir die Sünde wirklich überwinden? Erhört Gott auch heute noch unsere Gebete? Wird Er uns helfen, aus dem Kampf endlich siegreich hervorzugehen?

Satan möchte uns so unter Schuldgefühlen seufzen lassen, daß wir unseren Glauben verlieren. Er möchte, daß wir an Gottes Treue zweifeln. Er möchte, daß Sie glauben, daß niemand sich wirklich um Sie sorgt, daß Sie immer in Kummer leben müssen und die Sünde stets Herr über Sie bleibt, daß Sie mit Ihren Problemen allein fertig werden müssen und Gott sich nicht darum kümmert. Wenn Satan Sie zu dem Punkt bringen kann, daß Sie zweifeln, dann sind auch Verzweiflung und Unglaube schon nahe. Dann hat er fast gesiegt. Es gibt drei einfache Schritte hin zum Atheismus: Schuld, Zweifel und Unglaube.

Schuld kann wie Krebs unsere geistliche Lebenskraft zerfressen. Sie kann einen Menschen dazu bringen, den Mut zu verlieren, und endlich bringt sie auch körperliche Schmerzen und Krankheiten. Alles geistliche Leben wird auf diese Weise zerstört, und es bleiben als Resultat nur Schwachheit und ein Gefühl von Scham und Versagen zurück.

Ich begegne überall Christen, die unter der Last ihrer

Schuldgefühle seufzen und nahezu zerbrechen. Sie reden sich ein, sie hätten ihren Herrn verraten. Sie können die Tatsache nicht ergreifen, daß Gott auch ihnen ihr Versagen vergeben hat und leben beständig in Furcht vor Gottes Gericht über sie und ihre Familie.

Die Ursachen der Schuld

Wer sind diese schuldbeladenen, belasteten Seelen? Oft sind es Verheiratete, die ihre Ehe seit Jahren als Gefängnis empfinden, weil sie in ihr keine Liebe und Erfüllung mehr finden können. Und dann begegnen sie plötzlich einem Menschen des anderen Geschlechts, der sie scheinbar versteht und ihnen sympathisch ist. Ein freundliches Wort und eine leichte Berührung — und das Leben scheint noch einmal beginnen zu wollen. Eine geheime Liebesbeziehung ist geboren, und man lebt nach dem Wort: „Es schenkt mir soviel Befriedigung, wie kann es da falsch sein?"

Doch man muß auf die Kinder Rücksicht nehmen, auf das Ansehen, auf den Beruf oder gar auf einen Dienst im Reiche Gottes. Doch über alles andere hinaus ist es das Bewußtsein, daß man Gottes Gebot gebrochen hat — und das bringt Schuld mit sich. Gott kann so eine Beziehung nicht gutheißen, und Er wird sie nicht segnen. Doch dann beginnt der innere Krieg. Solche Menschen werden entzweigerissen von dem Bewußtsein, daß sie nach Gottes Willen zu ihrer Ehe zu stehen haben und der Meinung, sie hätten nun endlich ihre wahre Liebe gefunden. Und die Schuld wächst!

Unzählige Tausende sind in dieser Falle gefangen, sogar Pastoren und Prediger. Je mehr sie Gott lieben, um so größer scheint ihnen ihre Schuld. Einige wenige sind in der Lage, die Schuld abzuschütteln und ihre geheime Beziehung vor sich selbst zu entschuldigen. Doch die meisten können nicht so unehrlich sein, und so wächst die Schuld weiter.

Was ist mit all den anderen geheimen Lüsten des Fleisches, die unsere Seele erschrecken? Was ist mit den Christen, die so reichlich Alkohol trinken oder sich so viele Tabletten verschreiben lassen, daß sie auch schon daran gebunden sind? Was ist mit den Tausenden von christlichen Männern, die in Pornofilme gehen, die sich immer wieder Sexmagazine am Zeitungsstand kaufen müssen, und zwar nicht ein- oder zweimal, sondern häufiger? Jawohl — ich rede von Christen!

Geheime Liebesbeziehungen, Alkohol, vom Arzt verschriebene Drogen, Pornographie, Homosexualität, Lesbismus und viele andere menschliche Schwächen sind die Hauptgründe der Schuld. Der Ungläubige kann sich mit vielen dieser Sünden einlassen, ohne Schuldgefühle zu empfinden, doch nicht der Christ — das aufrichtige Kind Gottes.

Heilige, die keine sind

Leider gibt es viele Christen, die sich hinter einer puritanischen Maske verstecken und wie die Pharisäer zu Christi Zeiten prahlen: „Ich danke Dir, Herr, daß ich nicht wie jener Sünder bin." Wenn man ihnen zuhört, kommt man zu der Überzeugung, sie seien schon vollkommen. Glauben Sie ihnen nicht. Wir haben alle gesündigt. Es gibt keine Gerechtigkeit aus unserer eigenen Kraft. Zeigen Sie mir einen Christen, der ein geheiligtes Leben führt, und ich zeige Ihnen einen Menschen, der wie jeder andere Christ mit Anfechtungen und Versuchungen zu kämpfen hat. Wenn ein Christ gern andere richtet und von dieser Unart geheilt werden möchte, dann soll er am besten in sein eigenes Leben schauen und mit sich selbst ehrlich sein über seine eigenen Kämpfe.

Eines der guten Dinge, die ein Christ aus seinen inneren Kämpfen mit seinem Fleisch lernen sollte, ist, keine Steine auf andere zu werfen — vorausgesetzt natürlich, er ist ehrlich mit sich selbst. Die Bibel sagt: „Vergebt euch gegenseitig... wie auch der Christus euch vergeben hat" (Kolosser 3, 13).

Vielleicht werden Christen durch alle Anfechtungen und Kämpfe, die sie selbst durchstehen müssen, duldsamer und barmherziger mit anderen werden. Weil sie selbst soviel Vergebung nötig hatten und noch haben, werden sie vielleicht auch anderen eher ihr Zukurzkommen vergeben. „Seid aber zueinander gütig, mitleidig, und vergebt einander, so wie Gott in Christus euch vergeben hat" (Epheser 4, 32).

Wir werden geprüft durch das Wort

Können wir von Schuld frei werden? Können Christen geheime Liebschaften, Bindungen und Schwächen aufrichtig überwinden und wahrhaft frei werden von der Macht der Sünde? Wenn die Sünde, an die wir gebunden sind, uns immer wieder überwindet, wird Gott uns dann auch immer wieder vergeben, bis wir wirklich Sieg erringen?

Ich habe manche aufrichtige Christen kennengelernt, die mir bekannt haben, daß sie durch Gottes Wort manchmal hart geprüft worden sind. Die Verheißungen Gottes hören sich manchmal so an, als würden sie alle automatisch wirken; doch das tun sie nicht. Gottes Wort sagt: „Tu das nicht!", doch unser schwaches Fleisch scheint nicht gehorchen zu können. Wir tun manchmal Dinge, obwohl wir wissen, daß sie sündig sind. Gottes Wort sagt: „Denn die Sünde wird nicht über euch herrschen" (Römer 6, 14). Doch dies scheint im Alltagsleben nicht immer zu stimmen.

Die Frage ist: Wo bekommen wir die Kraft her, der Versuchung zu widerstehen? Ist es unsere Willenskraft? Muß ich meine Zähne zusammenbeißen und sagen: „Ich werde mich einfach von der Versuchung abwenden und sie nicht über mich herrschen lassen"? Erwartet Gott von mir, daß ich mit meiner eigenen Kraft mit Versuchung und Sünde fertig werde?

Manche sagen: „Höre doch einfach auf zu sündigen. Du weißt doch, was richtig ist, was soll also so schwierig sein?" Das hört sich gut an. Aber die gleichen Leute haben es durchaus nicht so leicht, sich abzuwenden, wenn ihre Probleme in ihrem eigenen Leben nach ihnen greifen; wenn es auch andere Probleme sein mögen als die Ihren. Jeder Christ auf dieser Erde hat innere Kämpfe auszufechten, niemand ist dagegen gefeit.

Um die Schuld loszuwerden, muß man die Sünde überwinden. Das scheint so einfach zu sein, ist es aber nicht. Viele können sich nicht einfach von den Sünden, an die sie gebunden sind, abwenden und sie abschütteln. Die Bibel erschreckt den Christen, der nicht Sieger sein kann, mit Worten wie: „Lege den alten Menschen ab." — „Laßt uns ablegen die Sünden, die uns ankleben." — „Fliehe vor den Lüsten der Welt." — „Wandelt im Geist, so werdet ihr die Lüste des Fleisches nicht vollbringen." Dies ist vielleicht genau das, was Sie möchten: Freiheit von der Sünde, die uns so leicht immer wieder anhängt, einen wahren Wandel im Geist, ein Leben, das wirklich völlig Gott gefällt. Doch viele scheinen nicht in der Lage zu sein, die alten Versuchungen zu besiegen.

Wenn Sie scheinbar nicht überwinden können und immer wieder fallen und versagen, beginnen Sie zu denken: „Etwas mit mir muß nicht in Ordnung sein. Ich bin ein weltlich gesinntes, schwaches und böses Kind. Gott hat wegen all meines Versagens sicherlich schon die Geduld mit mir verloren. Ich habe Ihn erzürnt." An diesem Punkt bricht das Schuldgefühl wie eine Flutwelle über Sie herein und will Sie ertränken.

Wir alle haben dieselben Kämpfe

Höre, Kind Gottes, wir alle als Christen sind im gleichen Boot. Zwar hat nicht jeder von uns mit einer geheimen Liebesaffäre oder mit sexuellen Versuchungen zu kämpfen. Manche werden durch andere Dinge versucht. Bei vielen ist es ein mehr heimtückischer Feind — der Zweifel. An Gottes Fürsorge und Seiner uns stets umgebenden Gegenwart zu zweifeln, kann uns sehr schuldig machen. Doch auch Sie geraten in keine Versuchung hinein, die nicht auch andere Christen zu ertragen hätten. Womit Sie zu kämpfen haben, ist nichts Einmaliges, sondern Tausende haben dieselben Kämpfe.

Wenn die Versuchung Sie doch einmal überwunden hat und Sie haben versagt, ist es äußerst wichtig, was Sie als nächstes tun werden. Wollen Sie den Lügen des Satans glauben und verzweifelt den Mut verlieren, oder wollen Sie sich neu an Gott klammern und auf Seine vergebende Liebe vertrauen, von der Sie anderen so oft gesagt haben?

Fürchten Sie sich etwa deshalb um Vergebung zu bitten, weil

Sie sich nicht sicher sind, ob Sie wirklich ganz frei werden wollen von der Sünde? Möchten Sie zwar mit dem Herrn leben, aber im Geheimen doch gern noch an einer Sünde festhalten? Gott ist auch in der Lage, Ihnen durch den Heiligen Geist ein wirklich aufrichtiges Verlangen zu geben. „Denn Gott ist es, der in euch wirkt sowohl das Wollen als auch das Wirken über euren guten Willen hinaus" (Philipper 2, 13).

Wenn ein Christ sündigt, fühlt er sich, wie einst Adam, aus der Gegenwart Gottes ausgeschlossen. Gott ist immer anwesend und will Gemeinschaft mit den Menschen haben; doch die Sünde bringt den Menschen dazu, sich von Gott zurückzuziehen. Gott zieht sich nicht zurück, nur der Mensch tut es. Tatsache ist, daß ein Mensch, der in Sünden lebt, sich davor fürchtet, sein Leben Gott zu öffnen, weil er Angst hat, Gott könne eine ganze Übergabe seines Lebens von ihm fordern. Der sündigende Christ weiß: „Wenn ich nahe bei Jesus lebe, wird der Heilige Geist Seinen Finger auf meine geheime Sünde legen, und ich werde sie aufgeben müssen. Doch dazu bin ich noch nicht bereit."

Es hilft nichts, wenn wir uns fragen: „Wie bin ich nur in diese Not hineingekommen? Warum werde ich immer wieder an diesem Punkt verführt und falle? Warum werde ich so geprüft, obwohl ich gar nicht darum gebetet habe? Warum ich, Herr?" Sie sollten auch dem Teufel keine Vorwürfe machen und ihm nicht die Schuld zuschieben. Wir sündigen, wenn wir von der Versuchung durch die Lust unseres eigenen Herzens in die Sünde hineingezogen werden.

Rechtfertigen Sie Ihre Schwächen nicht

Versuchen Sie niemals, Ihre Verfehlungen zu rechtfertigen. Unsere Sünde zu rechtfertigen oder zu entschuldigen ist der beste Weg zur Verhärtung des Herzens. Christen, die ihre Sünde hassen, werden sich nie ganz ihrer Macht ergeben. Als Christen dürfen wir nie vergessen, wie schrecklich die Sünde ist, wir dürfen uns nie damit abfinden.

Ich hörte, wie Menschen von einem Evangelisten, der in

schamlosem offenem Ehebruch lebt, sagten: „Na, er ist wenigstens ehrlich und versucht seinen Ehebruch nicht zu verstecken, wie manche andere Pastoren es tun." Ich sehe dabei keine Ehrlichkeit. Dieser ehebrecherische Evangelist ist durch seine eigenen Entschuldigungen und Rechtfertigungen total verblendet. Er hat kein Schuldgefühl mehr, weil er das Opfer seiner eigenen Lüge geworden ist. Doch ein Christ, der darum kämpft, als Überwinder vor Gott zu bestehen und der alle Sünde verachtet, hat bei seinem Kampf den ganzen Himmel auf seiner Seite. Fahren Sie fort, alle Sünde zu hassen, bis Sie den Sieg errungen haben.

Gott vergibt gern

Mein lieber christlicher Freund, schränken Sie nie die Vergebungsbereitschaft Gottes ein. Seine Barmherzigkeit ist unendlich groß. Jesus sagte Seinen Jüngern: „Und wenn er siebenmal des Tages an dir sündigt und siebenmal zu dir umkehrt und spricht: Ich bereue es, so sollst du ihm vergeben" (Lukas 17, 4). Können Sie das glauben? Siebenmal am Tage sündigt eine Person und sagt immer wieder zu uns: „Es tut mir leid." Und wir sollen ihm wieder und wieder vergeben. Wieviel mehr noch will unser himmlischer Vater Seinem Kind seine Übertretungen vergeben, wenn es voller Reue zu Ihm kommt. Versuchen Sie nicht, es mit dem Verstand zu fassen oder zu fragen, warum Er so reichlich vergibt, sondern akzeptieren Sie es einfach.

Jesus sagte nicht: „Vergib deinem Bruder ein- oder zweimal und sage ihm dann, er soll nun nicht mehr sündigen, und wenn er es doch wieder tut, wird er verstoßen, weil er ein hoffnungsloser Gewohnheitssünder ist." Nein, sondern Jesus rief zu unbeschränkter Vergebungsbereitschaft auf. Es ist Gottes Natur, zu vergeben. David sagt: „Denn Du, Herr, bist gut und zum Vergeben bereit, groß an Güte gegen alle, die Dich anrufen" (Psalm 86, 5). Gott wartet gerade jetzt, Ihr ganzes Sein mit der Freude der Vergebung zu durchfluten. Sie brauchen nur alle Türen und Fenster Ihrer Seele zu öffnen und dem Heiligen Geist zu erlauben, Sie mit dieser Vergebungsgnade zu durchfluten.

Johannes, der ja Christ ist, schreibt: „Und Er ist die Sühnung für unsere Sünden, nicht allein aber für die unseren, sondern auch für die der ganzen Welt" (1. Johannes 2, 2). Johannes schreibt in seinem Brief, daß es das Ziel eines jeden Christen sein sollte, nicht zu sündigen. Das heißt, ein Christ öffnet sich nicht den sündigen Versuchungen, sondern strebt immer mehr in die Gemeinschaft mit Gott. Doch was geschieht, wenn ein solcher Christ doch einmal sündigt? „Wenn jemand sündigt, wir haben einen Sachwalter beim Vater: Jesus Christus, den Gerechten... Wenn wir unsere Sünden bekennen, ist Er treu und gerecht, daß Er uns die Sünden vergibt und uns reinigt von jeder Ungerechtigkeit" (1. Johannes 2, 1; 1, 9).

Legen Sie Ihre Schuld ab — und zwar jetzt!

Man legt seine Schuld, seine Sünde, seine inneren Kämpfe nicht einfach so ab, wie man eine Jacke auszieht. Sondern wir legen alles ab durch das übernatürliche Wirken des Heiligen Geistes in uns. Der Heilige Geist geht auf ein zerbrochenes Herz ein, das im Glauben nach Gott verlangt und Seine Verheißungen ergreifen will. Wundersame Ereignisse beginnen durch den Heiligen Geist in diesem Menschen zu geschehen. Plötzlich spürt der Christ, der versagt hat, neu das Verlangen, all seine Not und sein Versagen Gott zu bekennen und sich Seinem Willen zu öffnen.

Der Heilige Geist bewirkt in dem Menschen, der sich Ihm ausliefert, mehr und mehr die Gesinnung Jesu Christi. Die Wünsche und Pläne des natürlichen Menschen sind anderer Art als der Wille Gottes. Der natürliche Mensch trachtet nach Dingen, die unserer geistlichen Entwicklung schaden. Aber Gott will uns Seine Gedanken geben. Er hat viel Besseres für uns bereit, wenn wir unseren eigenen Willen und unsere Wünsche Ihm ausliefern.

Was ist es, was zwischen Ihnen und Gott steht? Ist es eine verborgene Sünde? Unerlaubte Liebesbeziehungen? Zweifel? Furcht? Unruhe? Wo ist die Ursache Ihrer Schuld? Willigen Sie ein, gerade das am Fuße des Kreuzes niederzulegen; was immer es auch sein mag. Beginnen Sie gerade jetzt mit der Beerdigung, auch wenn es schmerzt, weil Sterben mit Christus für den alten fleischlichen Menschen nicht leicht ist. Doch dann stehen Sie auf im Gehorsam gegen Gottes Wort und beginnen Sie in der Nachfolge Christi mit dem Wandel im Geist. Gott wird Sie nicht fallen lassen. Er will Ihnen für alles, was Sie Ihm ausliefern, viel Besseres an Segnungen und geistlichen Reichtümern geben. Er will Ihnen das geben, was Ihm selbst gefällt und was Ihnen viel, viel mehr Freude bereiten wird als alles, was Sie Ihm ausgeliefert haben.

Legen Sie Ihre Schuld ab, mein Freund. Es ist nicht nötig, daß Sie diese Last auch nur eine Minute länger tragen. Öffnen Sie alle Türen und Fenster Ihres Herzens der Liebe Gottes. Er ist immer wieder bereit zu vergeben. Er gibt Ihnen die Kraft, in Ihrem Kampf siegreich zu bestehen. Wenn Sie bereuen, und wenn Sie Ihn bitten, hat Er Ihnen vergeben. Gehen Sie jetzt darauf ein.

9. Kapitel

Hören Sie auf, sich Selbstvorwürfe zu machen

Wenn ich zurückschaue, so tut es mir heute leid, daß ich in der früheren Zeit meines Dienstes im Reiche Gottes so viele aufrichtige Menschen verurteilt habe. Ich habe es gut gemeint, und mein Eifer war ehrlich. Doch ich habe über viele Menschen den Stab gebrochen, weil sie nicht in das Bild paßten, das ich mir unter Heiligung vorstellte.

Früher habe ich gegen Frauen gepredigt, die sich schminkten und gegen Miniröcke. Ich verurteilte alles, was mir nicht gefiel. Ich habe früher einige gewaltige Predigten gehalten, in denen ich die Homosexuellen, die Geschiedenen, die Säufer und die halbherzigen Christen verurteilte. Und ich bin auch heute noch fest überzeugt davon, daß ein Diener im Reich Gottes gegen die Sünde und gegen alles Kompromißlertum der Christen seine Stimme erheben muß. Ich mag es immer noch nicht, wenn christliche Frauen angemalt wie Reklameplakate herumlaufen, und auch Miniröcke sind mir immer noch ein Ärgernis. Ich glaube mehr als je, daß Gott Ehescheidungen haßt, daß Homosexualität gegen Seinen Willen ist und daß Er vor der Sünde und dem Kompromißlertum kein Auge zudrückt.

Doch in letzter Zeit hat mir Gott groß gemacht, daß ich aufhören soll, Menschen, die versagt haben, zu verurteilen, und ihnen statt dessen besser die Botschaft von der Liebe und Versöhnung sagen müßte. Warum? Weil die Gemeinde Christi in unserer Zeit voll ist von Menschen, die Lasten von Schuld, Versagen und Selbstanklagen mit sich herumtragen. Sie brauchen keine weiteren Predigten über Gericht und Angst, denn mit Furcht und Unruhe sind sie innerlich erfüllt. Sie müssen Jesu Botschaft hören: ,,Denn Gott hat Seinen Sohn nicht in die Welt gesandt, daß Er die Welt richte, sondern daß die Welt durch Ihn errettet werde" (Johannes 3, 17).

Jesus sagte zu der ehebrecherischen Frau: ,,So verurteile auch Ich dich nicht. Gehe hin und sündige nicht mehr" (Johannes 8, 11). Warum sollten wir nicht in der Lage sein, diese Botschaft der Liebe ebenfalls all den vielen Tausenden zu predigen, die in Furcht und Ehebruch leben?

Kürzlich sprach mich ein zehnjähriger Junge an. Bekümmert sagte er: ,,Meine Eltern ließen sich vor zwei Jahren scheiden. Meine Mutter ist eine aufrichtige Christin, und jetzt hat sie wieder geheiratet, und zwar einen feinen christlichen Mann. Ich lebe mit meiner Mutter und meinem Stiefvater, und ich liebe sie beide. Doch meine Mutter ist immer traurig, weil ein Pastor ihr gesagt hat, sie lebe in einer Sünde. Geht meine Mutter nun in die Hölle, weil sie geschieden ist und einen ebenfalls geschiedenen Mann geheiratet hat? Ich verstehe das nicht mehr, denn sie sind beide so gute Christen."

Was ich dem Jungen sagte, will ich jetzt auch der ganzen Welt sagen: Wenn sie sich scheiden ließ, weil sie selbst eine Ehebrecherin war und nun wieder geheiratet hat, lebt sie jetzt im Ehebruch. Und Gott haßt Ehebruch. Doch wenn sie einsieht, daß sie gesündigt hat und Buße tut, dann vergibt Gott, und sie kann von neuem beginnen wie ein neu wiedergeborener Christ. Sie lebt nicht mehr in Sünde, wenn diese unter das Blut Christi gebracht und vergeben ist. Sie kann ihr weiteres Leben nun ohne Schuldgefühle und Selbstvorwürfe leben. Wenn Jesus Mördern, Dieben und Lügnern vergibt, warum nicht auch Ehebrechern?

Ich bin ein glücklich verheirateter Mann, und wenn Gott uns hilft, dann soll es zwischen Gwen und mir immer so bleiben, bis der Tod uns scheidet. Ich hasse Ehescheidungen leidenschaftlich. Doch es bekümmert mich, wie schnell viele Kirchen und

Gemeinden bereit sind, all jene abzuschreiben, die einmal einen Fehler gemacht haben. Die Gemeinden bieten all den unschuldigen Opfern Trost an — der Frau, die betrogen wurde; dem Ehemann, dessen Frau ihn verlassen hat; und all den Kindern, die unter Scheidungen zu leiden haben.

Doch was ist mit den Übertretern? Mit den Sündern, die denen, die sie einst liebten, nun weh getan haben? Wenn heute bald jede dritte Ehe wieder geschieden wird, bedeutet dies, daß Millionen von Männern und Frauen als schuldige Teile herumlaufen. Ich bin nicht bereit, sie einfach aufzugeben, nur weil sie einmal schuldig geworden sind. Der Räuber, dem Christus auf Golgatha vergab, war kein unschuldiges Opfer, sondern ein Übertreter, ein Krimineller! Doch als er sich mit seiner Schuld im Glauben an Christus wandte, empfing er Vergebung und durfte mit Christus in die Herrlichkeit gehen.

Was ist mit den Homosexuellen, den Lesbierinnen und Alkoholikern? Wird es ihnen helfen, wenn wir sie verdammen? Nein! Christus verdammte die Sünder nicht, sondern Seine Liebe trieb Ihn, sie zu retten. Gott haßt die homosexuelle Betätigung, doch Er verachtet Menschen nicht, die in ihrem Leben noch nicht zu ihrer Männlichkeit oder Weiblichkeit gefunden haben.

Eine hübsche 19jährige Krankenschwester kam zu mir und bekannte unter Tränen: „Pastor Wilkerson, ich bin eine Lesbierin. Ich fühle mich so unrein und schmutzig. Der Pastor unserer Gemeinde hat mir gesagt, ich soll nie wieder zu ihren Gottesdiensten kommen, er könne nicht riskieren, daß ich vielleicht andere auch noch verführe. Ich frage mich, ob vielleicht Selbstmord der einzige Ausweg aus meiner Angst und den Selbstvorwürfen ist. Muß ich mich umbringen, um Frieden zu finden?"

Ich fragte sie, ob sie den Herrn Jesus immer noch liebe? „O ja!" antwortete sie. „In allen Stunden, die ich wach bin, schreit mein Herz nach Ihm. Ich liebe Christus von ganzem Herzen, bin aber an diese schreckliche Gewohnheit gebunden."

Wie schön war es zu sehen, wie sich ihr Gesicht erhellte, als ich ihr sagte: „Gott liebt Sie trotz Ihrer Kämpfe. Geben Sie nicht auf, sondern kämpfen Sie weiter. Kämpfen Sie darum, sich nicht wieder zu sündigen Handlungen hinreißen zu lassen, sondern suchen Sie statt dessen noch viel mehr als bisher die Gegenwart Gottes. Wenn Sie dies tun, wird auch Gott Ihnen immer nahe sein. Bleiben Sie in einer geistlichen Atmosphäre, und halten Sie an Ihrer Liebe zu Jesus fest, auch wenn Sie noch nicht den vollen Sieg errungen haben, sondern diese sündige Gewohnheit Sie immer wieder umgarnen will. Halten Sie daran fest, daß Sie in der Barmherzigkeit und Vergebungsbereitschaft Jesu leben, einen Tag um den anderen. Da Jesus Sünder liebt, liebt Er auch Sie und wird Ihnen gewiß noch den vollen Sieg über diese Sünde schenken."

Sie lächelte erleichtert und antwortete: „Sie sind der erste Pastor, der mir Hoffnung gemacht hat. Tief in meinem Herzen habe ich immer gehofft, daß Jesus mich noch liebt und mich eines Tages ganz freimachen wird von dieser Bindung. Doch ich bin von allen immer so verurteilt worden. Ich danke Gott für diese Botschaft der Hoffnung und Liebe."

Leben Sie unter Selbstanklagen? Haben Sie gegen Gott gesündigt? Haben Sie den Heiligen Geist in Ihrem Leben betrübt? Kämpfen Sie einen hoffnungslosen Kampf gegen die immer mächtiger werdenden Versuchungen? Sie sollten neu in Gottes Wort lesen und dort Gottes Barmherzigkeit, Seine Liebe und Sein endloses Erbarmen entdecken. David sagt: „Wenn du, Herr, die Sünden anrechnest, Herr, wer wird bestehen? Doch bei Dir ist die Vergebung, damit man Dich fürchtet" (Psalm 130 3.4).

Eine niedergeschlagene Frau, die mich in meinem Büro aufsuchte, schluchzte: „Pastor Wilkerson, Gott hat mich einmal von der Trunksucht befreit, doch in letzter Zeit wurde ich durch verschiedene Ereignisse sehr entmutigt und begann deshalb wieder zu trinken. Jetzt kann ich nicht mehr damit aufhören. Ich habe den Herrn so sehr enttäuscht, daß für mich alles keinen Sinn mehr hat. Nach allem, was Er für mich getan hat, habe ich trotzdem so sehr versagt. Es hat keinen Zweck, ich schaffe es doch nicht."

Ich glaube, wir leben mit mehr geistlichem Versagen, als viele von uns annehmen. Es ist eine dämonische Strategie, aus all solchem Versagen Wände zu errichten, durch die all jene, die versagt haben, dann auch noch von Gott ferngehalten werden. Doch wir brauchen es uns nicht gefallen zu lassen, daß der Teufel aus unseren vorübergehenden Niederlagen eine immerwährende Hölle macht.

Ich glaube, es gibt Millionen von Menschen wie den jungen Seemann, der mit Tränen in den Augen zu mir kam. „Mein Vater ist Pastor", sagte er, „aber ich habe ihn so sehr enttäuscht. Ich bin so schwach und befürchte, daß ich dem Herrn nie werde so dienen können wie ich sollte. Ich lasse mich so leicht zur Sünde verführen."

Bekenntnisse wie dieses sind tragisch. Doch ich habe viel Ermutigung in der Tatsache gefunden, daß viele große Männer und Frauen der Bibel zu Zeiten auch so versagt haben. Würden Sie Mose für einen Versager halten? Wohl kaum. Er war für das Volk Israel einer der größten Männer, vielleicht der größte. Doch schauen Sie sich einmal das Leben dieses großen Gesetzgebers näher an. Er begann seine Karriere mit einem Totschlag und mußte sich dann 40 Jahre vor der Justiz verstecken. Mose war ein Mann voller Furcht und Unglauben. Als Gott ihn aufforderte, das Volk Israel aus der Sklaverei zu führen, entschuldigte er sich und sagte: „Ich bin so ungeübt im Reden ... sende doch, wen immer Du senden willst, aber nicht mich" (siehe 2. Mose 4, 10—13). Darüber war Gott sehr verärgert. Sein ganzes Leben lang sehnte sich Mose danach, in das verheißene Land zu kommen, doch sein Versagen schloß ihn davon aus. Und doch vergleicht Gott Moses Treue mit der von Christus und reiht ihn unter die Glaubenshelden ein: „Betrachtet den Apostel und Hohenpriester unseres Bekenntnisses, Jesus, der treu ist dem, der Ihn bestellt hat, wie auch Mose in seinem ganzen Hause" (Hebräer 3, 1.2).

Wir sehen Jakob gewöhnlich als großen Gebetshelden, der mit dem Engel des Herrn rang und siegte. Jakob erhielt die große Vision der Himmelsleiter von Gott gezeigt. Und doch war das Leben dieses Mannes voller Versagen, und die Bibel verschweigt sie nicht. Als Jugendlicher betrog Jakob seinen blinden Vater, um seinen Bruder um das Erbteil zu bringen. Als Ehemann verachtete er seine Frau Lea und versuchte seinen Schwiegervater Laban zu betrügen (siehe 1. Mose 30, 31—43). Hier war ein Mann, in dessen Leben wir soviel List und Untreue finden, und trotzdem bekennt sich Gott zu ihm. Er sagt, Er sei der Gott Abrahams, Isaaks und Jakobs.

König David war ein Mann nach dem Herzen Gottes, hatte Freude am Gesetz des Herrn und spricht in den Psalmen davon, daß er als Gerechter nicht unter den Sündern zu finden sein möchte. Aber wie erschütternd war das Versagen dieses großen Mannes. Er nahm einem verheirateten Mann seine Frau weg und sandte diesen in den Tod. Gott erklärte ihm durch den Mund des Propheten Nathan, daß er ein großes Übel getan hätte und die Feinde des Herrn nun deshalb Gelegenheit fanden, Gott zu lästern.

Und doch konnte Gott den Totschläger Mose, den Betrüger Jakob und den Ehebrecher und Versager David gebrauchen, nachdem sie sich unter ihr Versagen gebeugt hatten. Gott konnte sie danach wieder mächtig segnen. Sind Sie Ihres Versagens wegen entmutigt? Dann habe ich gute Botschaft für Sie: Gott kann aus Versagern Menschen machen, die unter Seinem Segen und in Seinem Sieg leben können und durch die Er große Dinge tun kann.

Verzweifeln Sie nicht, weil Sie versagt haben

Dies scheint fast eine automatische Reaktion zu sein. Als Adam sündigte, wollte er sich vor Gott verstecken. Als Petrus den Herrn verleugnete, fürchtete Er sich davor, Ihm ins Angesicht zu schauen. Als Jona sich weigerte, in Ninive zu predigen, trieb ihn seine Furcht dazu, aus der Gegenwart Gottes zu fliehen.

Gott hat mir eine Wahrheit gezeigt, die mir schon oft half: Viel schlimmer als das Versagen selbst ist die Furcht, die durch unser Versagen kommt. Adam, Jona und Petrus versuchten Gott nicht deshalb aus dem Wege zu gehen, weil sie Ihn nicht mehr liebten, sondern weil sie Angst hatten, Er sei zornig auf sie. Der Satan benutzt diese Furcht, um den Menschen einzureden, es sei nun alles verloren. Dieser alte Verkläger der Brüder wartet wie ein Geier darauf, daß wir einmal versagen; und dann benutzt er tausend Lügen, um uns davon zu überzeugen, Gott sei zu heilig und wir zu sündig und zu große Versager, als daß wir neu zu Ihm kommen könnten. Oder er versucht Ihnen einzureden, Sie seien nicht heilig genug und würden es auch nie schaffen.

Gott brauchte 40 Jahre, um Mose die Furcht zu nehmen und ihn brauchbar für Seine Aufgaben zu machen. In der Zwischenzeit wurde Gottes Absicht, das Volk Israel zu befreien, fast um ein halbes Jahrhundert verzögert, nur weil ein Mann nicht lernte, mit seinem Versagen fertigzuwerden. Hätten Mose, Jakob oder David unter ihren Fehlern den Mut verloren und aufgegeben, hätten wir wahrscheinlich nie wieder von ihnen gehört. Doch Mose faßte neuen Mut und wurde eines der größten Werkzeuge Gottes. Jakob stellte sich seiner Sünde, versöhnte sich mit seinem Bruder und erlebte größere Segnungen als je zuvor. David lief in den Tempel, ergriff die Hörner des Altars und tat Buße. Er fand Vergebung und Frieden und erreichte neue Höhen in seiner Königsherrschaft über Israel. Jona kehrte um, gehorchte, wo er sich zuerst geweigert hatte, und die ganze Hauptstadt eines großen Weltreichs, vom König bis zum letzten Bettler, tat Buße unter seiner Predigt. Petrus stellte sich seinem Herrn, bekannte beschämt sein Versagen und wurde zum großen Führer der ersten Gemeinde, die zu Pfingsten geboren wurde.

Gehen Sie trotz Ihres Versagens vorwärts

Manchmal erleben Menschen Gott nach ihrem Versagen in noch größerer Weise als vorher. Vor mehr als 20 Jahren saß ich in meinem kleinen Auto und weinte. Ich hatte schrecklich versagt. Mein Auftreten in jenem Gerichtssaal, in dem man die sieben jungen Bandenmitglieder verurteilte, war geradezu töricht gewesen. In den Zeitungen konnte man Bilder dieses verrückten Predigers sehen, der da mit seiner Bibel herumwedelte. Mein Versuch, Gott zu gehorchen und diesen jungen Kriminellen zu helfen, endete mit einem Fiasko. Doch mich schaudert heute noch, wenn ich daran denke, wieviel Segen mir entgangen wäre, hätte ich in jener dunklen Stunde aufgegeben. Wie froh bin ich heute, daß Gott mich lehrte, mich auch meinem Versagen zu stellen und trotzdem weiterzugehen.

Ich kenne zwei sehr gesegnete Männer Gottes, die beide Tausenden von Menschen zum Segen wurden. Beide fielen in die gleiche Sünde des Ehebruchs wie David. Der eine der beiden kam zu der Überzeugung, daß er nicht weiter mit Gott gehen könne. Heute ist er ein Trinker und verflucht Christus, von dem er einst predigte. Der andere tat Buße, stellte sich seinem Herrn neu und begann von vorn. Heute leitet er ein internationales Missionsprogramm und erreicht Tausende von Menschen für Christus. Er ist nicht bei seinem Versagen hängen geblieben, sondern vorwärts gegangen.

Gott preisen und Ihm dienen trotz des Versagens

Es gab für Mose nach seinem Versagen nur eine Möglichkeit, beständig im Leben des Sieges zu bleiben: Er mußte fortwährend die Gemeinschaft mit Seinem Gott suchen. „Und Gott redete mit Mose von Angesicht zu Angesicht, wie ein Mann mit seinem Freund redet“ (2. Mose 33, 11). Mose blieb in dieser engen Verbindung zu Gott. Ich glaube, das Geheimnis echter Heiligung ist sehr einfach: Halten Sie sich nahe an Jesus, so werden Sie Ihm immer ähnlicher.

Eines Abends hielt mich eine aufs äußerste erregte Frau auf der Straße an und rief: „Pastor Wilkerson, ich bin in der schlimmsten Stunde meines Lebens. Ich weiß nicht mehr, was ich tun soll. Mein Mann hat mich verlassen, aber das ist ganz allein meine Schuld. Wenn ich daran denke, wie ich gegenüber Gott und meiner Familie versagt habe, kann ich nicht mehr schlafen. Was soll ich bloß tun?“

Ich wurde innerlich geführt, ihr zu sagen: „Liebe Frau, erheben Sie gerade jetzt hier an der Straßenecke Ihre Hände zu

Gott und beginnen Sie, Ihn zu preisen. Bekennen Sie dem Herrn Ihr Versagen, aber sagen Sie Ihm auch, daß Sie Ihn immer noch lieben. Dann gehen Sie heim und dort auf Ihre Knie. Bitten Sie Gott um nichts, sondern öffnen Sie Ihm nur Ihr Herz und Leben neu und beten Sie Ihn an."

Als ich sie verließ, stand sie immer noch mit erhobenen Händen an der Straßenecke. Sie pries den Herrn, während ihr die Tränen über das Gesicht liefen und sie schon einen Vorgeschmack des Sieges fühlte, den sie neu erlebte und der in ihrem Leben alles wieder in Ordnung brachte.

Sollten wir jetzt nicht einmal über Ihr Versagen reden? Gibt es Schwierigkeiten in Ihrer Familie? Gibt es eine sündige Gewohnheit, die Ihr Leben so sehr gefangen hält, daß Sie davon nicht loskommen können? Finden Sie in Ihrem Geist oder Ihrer Seele keine Ruhe? Hat Gott Ihnen gezeigt, was Sie tun sollen, und Sie haben es nicht getan? Befinden Sie sich nicht im Willen Gottes? Lassen Ihnen die Erinnerungen an Ihr Versagen keine Ruhe? Hören Sie, Sie sollten beginnen, inmitten Ihres Versagens den Herrn anzubeten. Preisen Sie Ihn! Rühmen Sie Ihn!

All das mag so klingen, als würde ich alles furchtbar vereinfachen. Doch der Weg, unser Versagen zu überwinden und neuen Sieg und Segen zu empfangen, ist für Kinder, Toren und Doktoren der Theologie gleich einfach. Christus sagt: „Wer zu Mir kommt, den werde Ich nicht hinausstoßen" (Johannes 6, 37). „Kommt her zu Mir, alle ihr Mühseligen und Beladenen, Ich werde euch Ruhe geben" (Matthäus 11, 28).

Fürchten Sie sich nicht, weil Sie versagt haben, sondern gehen Sie trotzdem vorwärts. Preisen Sie Gott, bis der Sieg kommt!

10. Kapitel

Wenn Sie nicht wissen, was zu tun ist

Was würden Sie zu einem Bundeskanzler sagen, der über Rundfunk und Fernsehen zu uns spricht und sagt: „Wir wissen wirklich nicht mehr, was wir tun sollen. Die Führer unseres Volkes sind ratlos und sehen keinen Ausweg." Ich glaube, unser ganzes Volk wäre empört und würde entweder lachen oder schimpfen über ihn.

Doch genau das tat Judas König Josaphat. Drei feindliche Armeen marschierten gegen Juda heran, und ihr großer König rief das Volk nach Jerusalem, um einen Kriegsplan zu finden. Er brauchte dringend einen Plan, weil schnellstens irgend etwas unternommen werden mußte. Doch statt dessen stellte sich Josaphat mit dem ganzen Volk vor Gott, und Ihm schüttete er sein Herz aus: „Siehe da, sie vergelten es uns, indem sie kommen, um uns aus Deinem Besitztum zu vertreiben, das Du uns zum Besitz gegeben hast. Unser Gott, willst Du sie nicht richten? Denn in uns ist keine Kraft vor dieser großen Menge, die wider uns kommt; und wir wissen nicht, was wir tun sollen, sondern auf Dich sind unsere Augen gerichtet" (2. Chronik 20, 11.12).

Was für ein Unternehmen war das? Kein Plan, keine Ausschußsitzungen. Keine wehenden Banner und keine schimmernde Kriegsmaschinerie. Kein Trompetengeschmetter und keine Armeemusterung. Statt dessen das einfache Bekenntnis: „Herr, die Sache wächst uns über den Kopf. Wir wissen nicht, was wir tun sollen, sondern hoffen nur auf Dich, Herr.“ Sie beschlossen, vor Gott still zu stehen, ihre Hilf- und Ratlosigkeit zuzugeben und alle Hoffnungen auf Ihn zu setzen. Sie würden nach keiner anderen Richtung ziehen, als näher zu ihrem Herrn und nirgendwo sonst Hilfe suchen.

Scheint diese Haltung feige und lächerlich zu sein? Gut ausgerüstete feindliche Armeen umringten sie. Scharen von Geiern kreisten in der Luft und warteten auf die große Schlacht. Und sie standen einfach da, priesen Gott und bekannten, daß sie nicht wußten, was sie als Nächstes tun sollten. Sie erwarteten ihre Hilfe von Gott.

Wenn die Menschen unserer Zeit in Schwierigkeiten geraten, so handeln die meisten so, als wollten sie sagen: „Herr, ich liebe Dich, aber ich weiß schon allein recht gut, was ich zu tun habe.“ Wenn dann der Feind uns wie eine Flut überfällt, geraten wir in Furcht und Panik. Wir meinen, wir müßten etwas tun und unternehmen und fühlen uns irgendwie schuldig, wenn wir nicht fortwährend durch unser Beschäftigtsein beweisen, wie sehr wir für Ihn leben.

Der Drang, die „Dinge zu bewegen“, kommt zu uns allen

Eine geschiedene Mutter sorgte sich darüber, daß ihr kleiner Junge immer so unsicher war, seit der Vater von daheim fortgegangen war. Das Kind wollte die Mutter nie aus den Augen verlieren; es schrie und rief oft nach seinem Vater. Was tat die Mutter, die eine aufrichtige Christin war? Sie suchte bei all ihren Freunden Rat. Sie studierte viele Bücher über Kindererziehung und suchte hier die Lösung. Fortwährend ging sie voller Sorgen umher und dachte: „Ich muß irgend etwas unternehmen in dieser Sache, ehe sie mir über den Kopf wächst.“

Doch es gibt einen besseren Weg. Es wäre durchaus biblisch gewesen, hätte diese Mutter sich an Gott gewandt und geschrien: „Herr, ich habe mein Bestes versucht, aber das Problem ist zu groß für mich. Ich weiß nicht mehr, was ich noch tun soll. Niemand kann mir helfen. Deshalb will ich mein Vertrauen auf Dich setzen, Du allein kannst mir helfen.“

Ein verwirrtes Ehepaar war dabei, allen Mut zu verlieren. Sie wollten ganz für Jesus leben, waren aber in eine Gemeinde geraten, wo man mehr Gesetz, Moral und Furcht predigte als Evangelium. Das hatte sie innerlich so mutlos gemacht. Dann gerieten sie in die Charismatische Bewegung und hofften, hier Freude und Erfüllung für ihr Suchen zu finden. Einer der Prediger dort mahnte: „Jesus sagt, wir sollen vollkommen sein. Da Er nie etwas von uns fordern würde, was wir nicht tun könnten, will Er damit sagen, daß wir von Ihm abfallen, wenn wir versagen und sündigen." Ein anderer predigte: „Wenn ihr nicht hundertprozentig gehorsam seid, kann Jesus euch nicht retten." Wieder ein anderer fügte hinzu: „Verzögerter Gehorsam ist Ungehorsam. Und jeder Ungehorsam kann euch verdammen." Nun begann dieses Ehepaar sich Sorgen zu machen über all die Dinge, die sie vergessen hatten zu tun, über ihre Unvollkommenheit, über ihren täglichen Kampf mit dem Fleisch — und sie fühlten sich wieder so unvollkommen und als Versager.

Kürzlich bekamen sie den Rundbrief eines Evangelisten in die Hand, in dem sie lasen: „Am Gerichtstag wird es viele Christen geben, die dreimal in der Woche zum Gottesdienst gegangen sind, in Zungen gebetet haben und prophezeit, Sonntagsschullehrer oder Diakone gewesen sind, und doch haben sie nicht genug in ihrer Bibel gelesen und nicht genug gebetet. Gott ist zornig über Menschen, die immer noch sündigen. Er ist entschlossen, sie ewig zu bestrafen. Es ist keine Hoffnung für sie, es sei denn, sie hören völlig auf zu sündigen."

Jetzt machen sich die armen Leute Sorgen darüber, daß sie nicht genug gebetet und nicht genug in der Bibel gelesen haben könnten. Ihrer Angst wegen hat man ihnen viele Ratschläge gegeben. Einige haben ihnen eingeredet, ein „Dämon der Furcht" habe sich bei ihnen eingeschlichen. Andere haben wiederum behauptet, sie würden immer „die falschen Dinge bekennen". Da ihnen immer all das geschehen würde, was sie ausspräche oder bekennen, sollten sie einfach fortwährend „den Sieg Jesu bekennen", und alles würde gut werden.

Die Frau sagte: „Wir sind bei unseren Bemühungen, uns

immer mehr zu bessern, damit wir Gott gefallen, ganz elend geworden. Jeden Abend empfanden wir, wir hätten Gott wieder mißfallen, denn irgendwie war etwas falsch. Entweder hatten wir nicht genug gebetet oder gelesen oder mit unserem Mund die falschen Dinge bekannt oder sonst etwas. Wir nahmen uns vor, es am nächsten Tag besser zu machen, doch wir haben nun allen Mut verloren, und unseren Frieden und die innere Sicherheit ebenfalls. Dies ist nicht das Leben der Fülle, sondern eines in Furcht. Kann das Kreuz Jesu uns nicht mehr geben?"

So geht es heute vielen. Sie fragen sich, wer nun recht hat. Alle scheinen so gute und biblische Argumente zu haben. Aber was ist Heiligung wirklich? Was erwartet Gott von uns? Hat Christus alles für mich am Kreuz getan, oder muß ich mein Heil in eigener Kraft und mit Furcht und Zittern schaffen? Ich sehe nicht mehr klar.

Meine Antwort ist: Bekennen Sie dem Herrn Ihre Unsicherheit. Suchen Sie nicht gleich eine perfekte Lösung auf alle Fragen und Probleme; es gibt sie nicht, denn manche Dinge müssen immer wieder neu überwunden werden. Rennen Sie nicht den Predigern nach, die scheinbar die perfektesten Lösungen und Antworten fein säuberlich bereit haben. Wenn Sie nicht wissen, was Sie tun sollen, das ist in Ordnung! Denn nun sind Sie bereit, auf Gottes Weg einzugehen. Jetzt können Sie mit Paulus sagen: „Ich nahm mir vor, nichts anderes unter euch zu wissen, als nur Jesus Christus, und Ihn als gekreuzigt" (1. Korinther 2, 2). Gehen Sie aufrichtig zu Gott, suchen Sie Ihre Antwort von Ihm und rufen Sie mit Josaphat: „Meine Augen sind auf Dich gerichtet, Herr!"

Ein Ehepaar in Iowa versuchte, seine Ehe zu retten. Sie sind seit 15 Jahren verheiratet, und die letzten fünf Jahre waren fast unerträglich. Beide sind sie an ihrer Ehe schuldig geworden. Vor fünf Jahren haben sie versucht, sich gegenseitig zu vergeben, doch ihre Ehe ist davon nicht viel besser geworden. Sie fühlen sich beide einsam, auch wenn sie zusammen sind. Sie haben einander nichts mehr zu sagen und zu geben, obwohl sie sich sehr darum bemühen. Manchmal meinen sie, eine gute Woche zusammen zu haben, wenn alles gut geht, doch plötzlich bricht alles wieder zusammen und der stille Ärger und die versteckten Vorwürfe tauchen auf. Sie weint sich abends in den Schlaf, er spielt mit dem Gedanken, die Ehe doch aufzugeben. Auf eine Weise fühlen sie sich aber immer noch zueinander gezogen. Doch sonst scheinen sie fast allergisch gegeneinander zu sein. Sie haben versucht, gemeinsam über ihre Probleme zu sprechen; sie haben sich Versprechungen gemacht, die sie nicht halten konnten; sie haben Seelsorger aufgesucht und Bücher gelesen — nichts scheint eine wirkliche Lösung zu bieten. Beide sind an einem Punkt angekommen, wo sie nicht mehr wissen, was sie tun sollen.

Gibt es eine Lösung?

Ich denke doch!

Alle Ehen, auch die guten, haben ihre schwierigen Zeiten. Doch manche können nur noch durch ein echtes Wunder geheilt werden. Wenn zwei Menschen alles versucht haben und nicht mehr weiter wissen, mag ihnen langsam klar werden, daß sie sich nur noch an Gott wenden können. Alles, was man manchmal in solch einer Krise tun kann, ist das, was König Josaphat tat. Geben Sie Ihre Hilflosigkeit zu und fürchten Sie sich nicht. Sie sind nicht die einzigen, die so etwas erleben. Gott ist Spezialist für hoffnungslose Fälle. Dieses Ehepaar, das keinen Weg mehr weiß, muß zu Gott gehen und bekennen: „Wir sind am Ende. Wir haben alles versucht und versagt. Deshalb kommen wir nur noch zu Dir, Herr. Auf Dich allein sind unsere Augen voller Hoffnung gerichtet. Hilf uns, Herr!"

Auch Sie, lieber Leser, mögen in einer Krise stehen, in der Sie keinen Ausweg sehen. Es mag eine familiäre oder eine finanzielle sein. Vielleicht haben Probleme mit Ihren Kindern Sie in Not gebracht oder eine Krankheit erhebt drohend ihr Haupt. Haben Sie Ihren Arbeitsplatz verloren? Ist Ihre Zukunft unsicher und dunkel! Hat der Tod eines lieben Menschen Sie bedrückt, einsam und leer zurückgelassen? Haben Sie versagt und können dies nicht überwinden? Müssen auch Sie sagen: Ich habe alles versucht, sehe aber keinen Ausweg mehr. Sind Sie müde geworden und verzagt? Seufzen Sie: Ich weiß nicht mehr, was ich noch tun soll?

Wir leben in einer Zeit, wo viele Dinge unsicher sind und wanken. Fast jeder hat auf eine oder andere Weise Probleme und innere Nöte. Kaum jemand weiß auch im Blick auf die Zukunft noch eine Lösung. Wir hören die abenteuerlichsten Ideen über die Zukunft unserer Welt und unserer Wirtschaft. Niemand weiß mehr Genaueres. Psychologen und Psychiater sind erstaunt über alle verschiedenen Strömungen, durch die Menschen heute beeinflußt werden. Sie stehen hilflos vor der Zerstörung der Familien und Ehen. Ihre Lösungsvorschläge widersprechen einander nur zu oft.

Sogar für Christen kann es in unserer Zeit Fragen geben, auf die es keine Antwort zu geben scheint. Pastoren ermahnen uns, die Antworten für unsere Probleme in der Bibel zu finden. Doch die Bibel sagt uns nicht bei jeder Einzelfrage des täglichen Lebens: Das mußt du tun! Oftmals müssen wir zum Herrn aufschauen und um eine besondere Führung des Geistes bitten. Sie mögen es glauben oder nicht, aber auch die größten Heiligen, die je lebten, haben den Kampf zwischen Fleisch und Geist in uns nicht völlig verstanden. Es gibt keinen Menschen, auch keinen Christen auf Erden, der auf alles die Antwort weiß. Wir alle kommen einmal zu dem Punkt, an dem König Josaphat war und müssen bekennen: Herr, wir wissen nicht weiter und verlassen uns ganz auf Dich. Auch mir selbst ist dies schon so gegangen; ich schäme mich nicht, dies zu bekennen.

Wenn ich sage, wir sollen unsere Hilfe vom Herrn erwarten, meine ich natürlich nicht, wir sollen einfach die Hände in den Schoß legen und nichts tun. Wir blicken nicht deshalb auf den Herrn und warten auf Ihn, weil wir nichts tun *wollen,* sondern weil wir im Augenblick *nicht wissen,* was zu tun ist. Eines aber wissen wir dabei ganz gewiß. Gott ist immer noch der Herr aller Stürme; und auch wenn die Welt auseinanderbrechen sollte, bleibt Er der Fels der Ewigkeit. Und wenn wir auch einmal nicht wissen, was wir tun sollen, so sagt uns unser Glaube, daß der Herr es sicher weiß.

Ein deutscher Theologe verglich den Christen einmal mit einem Menschen, der einen See überqueren will, der voller treibender Eisschollen ist. Er tritt immer von einer Eisscholle auf die andere. Auf keiner kann er lange stehenbleiben, weil sie sonst unter seinem Gewicht zu sinken beginnt. So ist der Christ. Er muß immer wieder einen neuen Schritt vorwärts wagen, auch wenn es einmal ins Ungewisse ist. Er weiß aber, am anderen Ufer steht sicher und wachend sein Herr. Und wenn er so Glaubensschritte tut von einer Eisscholle auf die andere, hält er doch seine Augen fest auf seinen Herrn gerichtet und wird so auf dem treibenden Eis das Ziel nicht verfehlen.

Ich betrachte unser Leben gern als eine Wüstenreise, wie die der Kinder Israel. Und der Kampf König Josaphats und des ganzen Volkes Juda ist auch unser Kampf. Sicher, wir sind in der Wüste. Da gibt es Schlangen, ausgetrocknete Wasserlöcher, Tränentäler, feindliche Armeen, Sandstürme, Trockenheit und scheinbar unüberwindliche Berge. Doch wenn die Israeliten auf den Herrn vertrauten, deckte Er ihnen inmitten der Wüste den Tisch mit Manna vom Himmel und schenkte ihnen Wasser aus dem Felsen. Er besiegte die Armeen der Feinde durch Seine Macht und führte sie durch eine Wolken- und Feuersäule in das verheißene Land. Sie und alle kommenden Generationen sollten es wissen: „Es geschieht nicht durch Macht oder durch Kraft, sondern durch den Geist des Herrn“ (siehe Sacharja 4, 6).

Deshalb hat Jesus gesagt: „Ich bin der Weg.“

Hören Sie auf, an den falschen Plätzen nach Hilfe zu suchen. Suchen Sie die Gegenwart Jesu und reden Sie mit Ihm über Ihre Ratlosigkeit. Sagen Sie ihm, Sie wollen Ihm allein vertrauen und sind sicher, daß Er Sie durch alle Schwierigkeiten bringen wird. Der Satan wird Sie immer wieder versuchen, alle Dinge selbst in die Hand zu nehmen und Ihre eigenen Pläne zu machen. Sie werden sich noch manchmal fragen, ob Gott wirklich schon dabei ist, Ihre Probleme zu verändern und zu helfen, weil sich noch kein Anzeichen des Wandels sehen läßt. Ihr Glaube wird noch manchmal bis zur äußersten Grenze erprobt werden. Doch

Sie haben nichts zu verlieren, denn nirgends sonst werden Sie die wahre Antwort auf all Ihre Probleme finden, nur bei Jesus Christus allein.

Deshalb, wenn Sie selbst nicht mehr weiter wissen, kommen Sie zu Ihm, legen Sie alles Ihm zu Füßen, warten Sie auf Ihn und vertrauen Sie Ihm. Dies war auch der Grund, weshalb Petrus sagte: „Herr, zu wem sollten wir gehen? Du hast Worte ewigen Lebens..." (Johannes 6, 68).

11. Kapitel

Gott kann Sie trotz Ihrer Schwächen gebrauchen

Es ist Gottes Wille, Sein Reich hier auf Erden durch unvollkommene Menschen, die mit Schwächen behaftet sind, zu bauen. David, der Mann nach Gottes Herzen, war ein Mörder und Ehebrecher, der kein moralisches Recht auf Gottes Segnungen hatte. Petrus verleugnete seinen Herrn und verfluchte sich dabei selbst. Abraham, der große Glaubensvater, benutzte eine Lüge, indem er seine Frau als seine Schwester ausgab, um seine eigene Haut zu retten. Jakob war hinterlistig und ein Betrüger. Paulus benahm sich sehr ungeduldig und hart anderen Christen gegenüber, die keine so asketische Lebensweise führten wie er. Salomo, den Gott so segnete und dem Er mehr Weisheit schenkte als irgend einem anderen Menschen, tat sehr törichte Dinge, die Gott nicht gefielen.

Die Liste der Männer und Frauen, die Gott liebten und durch die Gott große Dinge tat, obwohl in ihrem Leben große Schwächen zu finden waren, ließe sich noch viel weiter fortsetzen. Doch Gott begegnete diesen Menschen immer wieder und sagte: „Ich habe dich gerufen, deshalb werde Ich mit dir sein. Ich will alles Üble aus deinem Herzen nehmen und dich als Mein Werkzeug gebrauchen.“

Gottes Schätze in irdenen Gefäßen

Eine der ermutigendsten Bibelstellen finden wir in 2. Korinther 4, 7: „Wir haben aber diesen Schatz in irdenen Gefäßen, damit die überragende Größe der Kraft Gott zugehöre und nicht uns." Dann fährt Paulus fort, diese irdenen Gefäße als Menschen zu beschreiben, die allezeit das Sterben Jesu am Leibe herumtragen, die von allen Seiten bedrängt werden, ratlos, verfolgt und niedergeworfen. Aber trotzdem wurden sie nie verlassen und verzweifelten nicht.

Gott spottet über menschliche Macht. Er lacht über die egoistischen Versuche, selbstgerecht und gut zu sein; und Er gebraucht nicht die Großen und Mächtigen, sondern die Schwachen, um zu zeigen, daß alle Klugheit der Welt am Ende vor Ihm Torheit ist.

„Denn seht, eure Berufung, Brüder, daß es nicht viele Weise nach dem Fleisch, nicht viele Mächtige, nicht viele Edle sind; sondern das Törichte der Welt hat Gott auserwählt, damit Er die Weisen zuschanden mache; und das Schwache der Welt hat Gott auserwählt, damit Er das Starke zuschanden mache. Und das Unedle der Welt und das Verachtete hat Gott auserwählt, das, was nichts ist, ... daß sich vor Gott kein Fleisch rühme" (1. Korinther 1, 26—29).

Trifft diese Beschreibung auf mich zu? Das Schwache, Törichte und Verachtete, was nicht vornehm, nicht klug und nicht mächtig ist? Die meisten würden es als Torheit ansehen, zu glauben, Gott könne solche armseligen Menschen gebrauchen. Doch genau dies ist Sein Plan und gleichzeitig eines der größten Geheimnisse in dieser Zeit auf Erden. Gott ruft uns in unserer Schwachheit, obwohl Er weiß, daß wir manchmal versagen. Er legt Seine kostbaren und unbezahlbaren Schätze in uns hinein, obwohl wir irdene, unvollkommene und so leicht zerbrechliche Gefäße sind, denn es macht Ihm Freude, das Unmögliche durch das Geringste zu tun.

Wenn wir selbst nicht mehr können, kann Gott uns gebrauchen

Menschen, die mit ihren eigenen Fähigkeiten, Kräften und Möglichkeiten an's Ende gekommen sind, kann Gott gebrauchen, um Seine Kraft durch sie wirken zu lassen. Eine Frau schrieb mir kürzlich: „Ich glaube, ich bin der größte Versager der Welt. In unserer Ehe versage ich. Bei der Kindererziehung scheine ich alles falsch zu machen. Ich kann überhaupt nichts besonders gut. Noch nicht einmal die Bibel verstehe ich gut, das meiste darin ist mir ein Rätsel. Ich habe das Gefühl, daß ich niemand auch nur irgend etwas bedeuten kann. Ich bin keine gute Ehefrau, keine gute Mutter und auch keine gute Christin. Ich bin sicherlich der größte Versager der Welt."

Sie ist einer von den Menschen, nach denen Gott Ausschau hält, jemand, der sich Gott ganz zur Verfügung stellt, weil sie weiß, daß sie von sich selbst aus nichts Gutes vollbringen kann. All die so selbstsicheren Christen, die herumlaufen und glauben, sie könnten mit ihren großen Fähigkeiten Menschen für Gott gewinnen, beeindrucken Ihn überhaupt nicht. Seine Kraft erweist sich durch die Schwachheit des Menschen hindurch mächtig.

Wenn ich „schwach" sage, ist nicht „sinnlich" gemeint

Gott gebraucht keine Menschen, die in Rechtschaffenheit und Gerechtigkeit schwach sind. Menschliche Schwäche kann auch zu Ehebruch, Trinken, Glücksspiel und anderen Ausschweifungen führen. Durch diese Art von Schwäche will sich Gott nicht mächtig erweisen. Wenn er von den Niedrigen redet, sind nicht die Bösen gemeint.

Die Schwäche, von der Gott redet, ist unsere menschliche Unfähigkeit, Gottes Willen in unserer eigenen Kraft zu tun. Gott ruft uns zu einem Leben der Heiligung. Er erklärt, daß wir frei sein können und sollen von den Bindungen der Sünde. Gottes Wort fordert uns heraus: „Widersteht dem Teufel! Wandelt im Geist! Sondert euch von ihnen ab! Meidet die Hurerei! Liebet eure Feinde! Findet Ruhe in Mir! Fürchtet euch nicht! Laßt die Sünde nicht über euch herrschen! Überwindet die Selbstsucht, den Stolz und den Neid. Sündiget nicht!"

Wissen Sie, wie Sie auf diese Forderungen Gottes antworten sollen? Wenn Sie ehrlich sind, werden Sie zugeben müssen, daß Sie zu schwach sind, diesen Forderungen aus eigener Kraft nachzukommen. Dann wird Ihr Herz zu schreien beginnen:

„Herr, wie soll ich solche heiligen und großen Dinge tun? Wie ist dies möglich?" Der Ruf zur wahren Heiligung kann uns erschrecken und beunruhigen. Wir wissen, was Gott von uns will; aber wir wissen nicht, wie wir Seinen Willen tun sollen.

Einige versuchen es aufrichtig in ihrer eigenen Kraft. Mit aller Energie und allem Einsatz bemühen sie sich mit zusammengebissenen Zähnen, Gott zu gefallen. Dies mag sogar für eine kurze Zeit gut gehen. Doch dann läßt unsere Kraft nach, und wir versagen in dem Augenblick wieder, wenn wir meinen, schon einiges erreicht zu haben. Diese Selbstbemühungen enden in Enttäuschungen, neuen Niederlagen und Schwächen.

Das ist dann der Augenblick, an dem der Herr die Dinge in die Hand nehmen will. Tröstend sagt Er: „Lege doch deine eigenen Waffen beiseite und höre auf, es selbst schaffen zu wollen. Ich bin deine Waffenrüstung; Ich allein! Ich bin deine Kraft! Ich erwarte ja gar nicht, daß du es selbst kannst. Ich will es durch dich tun, damit Ich durch dich verherrlicht werde. Ich bin deine Gerechtigkeit, deine Heiligung, dein Friede, deine Kraft! Du kannst dich nicht selbst retten, dir nicht selbst helfen, und kannst auch dem Vater im Himmel nicht mit deinen eigenen Bemühungen gefallen, sondern nur, indem du im Glauben annimmst, was Ich für dich bin."

Zuviel eigener Eifer hindert Gott

Gideon ist ein Beispiel dafür, was ein Mensch im eigenen Eifer tun will. Er war berufen, Israel von der Knechtschaft seiner Feinde zu befreien. Und wie tat er das? Er ließ gewaltig die Trompeten blasen und sammelte eine riesige Armee. Mehr als 30000 Kämpfer hatte er zusammengebracht, doch Gott sagte: „Gideon, deine Armee ist viel zu groß, du hast zuviel menschliche Kraft mit dir. Schicke sie wieder fort. Wenn du mit dieser großen Armee siegst, werdet ihr denken, ihr hättet den Sieg durch eure Tapferkeit und eure Fähigkeiten errungen. Ich möchte aber nicht, daß du Mir die Ehre nimmst. Verkleinere deine Armee."

Nun verließ einer nach dem anderen der Streiter Gideons

Armee. Er muß dabei gestanden und gedacht haben: „Wie komisch, wir sollen siegen, indem wir uns selbst schwächen. Gott ruft zum Kampf, und dann fordert Er mich auf, die meisten Kämpfer wieder fortzuschicken. Das ist die seltsamste Sache, die Gott mir je befohlen hat. Auf diese Weise kann ich kein berühmter Held werden."

Vom menschlichen Standpunkt aus scheint es töricht, Siege zu erringen, indem man Waffen beiseite legt. Doch gewaltige Stadtmauern stürzten ein, ohne daß ein Schuß abgefeuert wurde. Große Armeen flohen, als einige Männer begannen, auf ihren Posaunen zu blasen. Durch die Kraft des Glaubens und des Heiligen Geistes verwandelten nach Pfingsten schwache Männer die ganze damalige Welt.

Der Weg zur Heiligung ist der Weg der Demut. Ganz gleich, wie stark und ehrbar ein Mensch auch immer sein mag, Gott kann ihn nicht gebrauchen, ehe er sich nicht vor Ihm beugt und seinen menschlichen Stolz aufgibt. Wir müssen erkennen, daß all unser eigenes Bemühen nutzlos ist und unsere eigene Gerechtigkeit nichts anderes als schmutzige Lumpen. Wir müssen in uns selbst schwach werden, zum Kreuz kommen und rufen: „Sei Du der Herr meines Lebens!"

Es gibt auch eine Schwachheit des Fleisches

Es gibt Christen, die versagen. Sie lieben den Herrn sehr und sind bekümmert, wenn sie Ihn betrüben, doch trotz ihrer Liebe und guten Absichten fallen sie in Sünde. Sogar Geistliche begehen Ehebruch. Viele Christen kämpfen mit ihren sündigen Begierden und werden Opfer dieser Lüste. Es gibt moderne Bathsebas und Delilas und auch Männer Gottes, die von ihnen umgarnt und verführt werden.

Einige dieser schwachen Kinder Gottes haben die gleiche Sünde begangen wie Petrus. Sie haben ihren Herrn verleugnet. Andere sind niedergedrückt unter der Schuld einer geheimen Sünde. Nur Gott weiß um die Kämpfe, die manche der bekanntesten Männer und Frauen des Reiches Gottes innerlich austragen. Manche, die besonders laut gegen die Sünden anderer angehen, sind solche, die am meisten mit ihren eigenen Sünden zu kämpfen haben.

Verläßt Gott auch nur eines Seiner Kinder, das mit geheimen Leidenschaften zu kämpfen hat? Sagt Er: „Du weißt, Ich erwarte, daß du Meinen Willen tust. Wenn du den Kampf mit der Sünde siegreich bestanden hast, dann will Ich zu dir kommen und dich segnen. Solange mußt du allein fertig werden."

Nie! Niemals tut Gott dies! Statt dessen kommt unser Herr in unserem schwächsten Augenblick und flüstert: „Meine Kraft ist in der Stunde deiner Schwachheit bei dir. Fürchte dich nicht! Gib den Kampf nicht auf. Wende dich nicht von Mir ab! Bist du bekümmert, weil du versagt hast? Möchtest du gern siegreich sein? Dann halte dich an Mich, Mein Arm ist stark genug, auch dir den Sieg zu schenken."

Ich sah den jungen Israel Narvaez, einen früheren Mau-Mau-Bandenführer, vor Gott knien und Christus als Herrn annehmen. Er meinte die Übergabe seines Lebens wirklich ganz ehrlich. Doch dann ging er zu seiner alten Bande zurück. Es endete damit, daß er verhaftet und wegen Beihilfe zum Mord angeklagt wurde. Gab Gott ihn auf? Nicht einen Augenblick! Heute ist Israel selbst ein Prediger des Evangeliums, nachdem er zurückgekehrt ist zur Liebe und Vergebungsbereitschaft seines barmherzigen Erlösers.

Haben Sie versagt? Gibt es eine Sünde, in die Sie immer wieder hineinfallen? Fühlen Sie sich als Schwächling, der über diese geheime Sünde nicht Sieger bleiben kann? Ist aber trotz dieses Versagens ein Hunger nach Gott in Ihnen? Sehnen Sie sich nach Seiner Liebe und Seiner Gegenwart in Ihrem Leben? Dieser Hunger nach Gott ist der Schlüssel zu Ihrem Sieg! Hier ist der Unterschied zu anderen, die auch versagt haben, sich aber nicht nach Gott sehnen. Dieser Hunger nach Gott und Seiner Gerechtigkeit muß lebendig bleiben. Entschuldigen Sie Ihre Schwäche und Ihr Versagen nicht, geben Sie aber auch niemals auf, sondern vertrauen Sie auf den Sieg Jesu in Ihrem Leben.

Durch den Glauben werden wir siegen können. Abraham hatte Schwächen. Er log und hätte seine Frau fast zur Ehebrecherin gemacht. Doch „Abraham glaubte Gott, und es wurde ihm zur Gerechtigkeit gerechnet“ (Römer 4, 3).

Sicher, Sie haben versagt — gestern vielleicht, oder auch heute. Das ist bekümmerlich und beschämend. Doch glauben Sie, daß Jesus Macht genug hat, Ihnen Sieg über die Sünde zu schenken? Glauben Sie, daß Jesus am Kreuz die Macht der Sünde zerbrochen hat?

Ich will Ihnen sagen, wo nach meiner Überzeugung der Sieg zu finden ist. Lassen Sie Ihren Glauben wachsen, und akzeptieren Sie alle Verheißungen, die Ihnen durch Jesu Sieg gegeben sind. Dann mag Ihr Glaube zu Ihrem Herzen sagen: „Ich mag noch nicht so sein, wie ich gerne sein möchte, doch Gott ist in mir an der Arbeit, und Er hat Kraft, die Sünde zu zerbrechen, die mich noch gebunden hält. Ich werde im Glauben den Sieg Jesu festhalten, bis Er mich ganz frei gemacht hat. Diesem Sieg nähere ich mich vielleicht nur Schritt um Schritt. Doch der Tag wird kommen, an dem ich ganz frei bin, denn ich bin nicht mehr des Teufels Sklave, sondern ein schwaches Kind meines Vaters im Himmel. Jesus wird mir Kraft geben durch den Heiligen Geist. Gott ist auf meiner Seite. Ich lege alles in Jesu Hand, und Er ist in der Lage mich zu bewahren, bis ich einmal vollendet und voller Freude vor dem Throne Gottes stehen darf.

12. Kapitel

Gott hat Sie nicht vergessen

Eine Botschaft brennt in meinem Inneren besonders. Es ist eine Botschaft, die jeder Christ in unserer Zeit, die so voller überwältigender Versuchungen und Nöte ist, besonders hören muß. Diese Botschaft, die mir der Herr aufs Herz gelegt hat, lautet: *Gott hat Sie nicht vergessen!* Er weiß genau, wo Sie sind, in welchen Schwierigkeiten Sie sich befinden und wie der Weg beschaffen ist, den Sie gehen müssen. Doch wir sind oft wie die Kinder Israel, die Gottes tägliche Fürsorge bezweifelten, obwohl Er ihnen immer wieder Propheten mit den wunderbarsten Verheißungen sandte.

Gottes Volk saß hungrig und durstig in der Dunkelheit und betete um Befreiung und Trost. Gott zählte ihre Tränen, hörte ihr Schreien und antwortete: „Ich will euch bewahren ... Ihr sollt weder Hunger noch Durst leiden ... Ich will euch Barmherzigkeit erweisen und euch zu Quellen lebendigen Wassers führen ... Denn der Herr wird Sein Volk trösten und mit allen barmherzig sein, die betrübt sind" (siehe Jesaja 49). Freuten sich die Israeliten über diese Verheißungen, und überwanden sie ihren Kummer damit? Keineswegs! „Zion sprach: Der Herr hat mich verlassen, und der Herr hat meiner vergessen" (Jesaja 49, 14).

Und diese Menschen hier waren keinesfalls ungläubig oder abgefallen, sondern es waren solche, die „den Herrn suchten ... die Söhne Abrahams waren ... in deren Herzen das Gesetz Gottes zu finden war." Wie viel klarer muß Gott Seinen schwerhörigen Kindern denn Seine Verheißungen noch machen? Man kann fast spüren, wie bekümmert Sein Herz ist, weil Seine Kinder nicht auf Seine Verheißungen achten. Er sagt:

„Ich bin es, der euch tröstet. Wer bist du, daß du dich vor dem Menschen fürchtest ... und den Herrn vergißt, der dich gemacht, der die Himmel ausgespannt und die Erde gegründet hat; und dich beständig, den ganzen Tag vor dem Grimm des Bedrängers fürchtest?" (Jesaja 51, 12.13).

Wir überhören einfach Gottes Verheißungen

Ist es nicht heute genauso wie damals mit Israel? Wir sind Kinder des selben heiligen Gottes und haben durch Christus die wunderbarsten Verheißungen. Doch wir gehen umher und fürchten uns vor den Anfechtungen. Wir wissen, der Herr hat uns Führung, Frieden, Bewahrung, Beistand, Versorgung und Heilung verheißen. Aber glauben wir wirklich daran? Oder gehen wir unsere eigenen Wege, sorgen uns, sind bekümmert und versuchen, alles selbst zu lösen? Ich fürchte, so ist es. Wir vergessen immer gerade dann, wenn es am nötigsten ist, alles, was Gott uns verheißen hat. Wir vergessen, daß unser Gott der ist, der das Universum erschaffen hat und erhält. Wir vergessen, daß wir einen allmächtigen Vater haben und sehen statt dessen nur unsere eigenen Probleme. Unsere Furcht verschließt unsere Augen vor der Kraft und der Herrlichkeit unseres Herrn. Wir werden unsicher, und die Zweifel überwältigen uns.

Wie schwierig muß es doch für unseren himmlischen Vater sein, der uns liebt, wenn wir Ihm nicht vertrauen wollen, sondern statt dessen in unseren Problemen verzagen. Gott muß sich fragen: „Wissen sie denn nicht, daß Ich sie in Meine Hände gezeichnet habe, so daß Ich sie nie mehr vergessen kann? Und selbst wenn eine Mutter ihre Kinder vergessen würde, so würde ich sie doch niemals vergessen" (siehe Jesaja 49, 15.16).

Die Sünde des Christen ist der Unglaube

Immer wieder forderte Gott die Israeliten auf, Ihm auch in Krisensituationen zu vertrauen. „So spricht der Herr ...: Durch Umkehr und durch Ruhe würdet ihr gerettet werden; in Stillesein und Vertrauen würde eure Stärke sein. Aber ihr habt nicht gewollt" (Jesaja 30, 15). Gott sagte zu ihnen: Ihr habt Mich nicht gefragt, Mich nicht um Führung gebeten und nicht auf Meine Hilfe gewartet. Ihr habt nicht geglaubt, daß Mein starker Arm euch erretten und heraushelfen kann, sondern habt versucht, euch selbst zu helfen, oder habt euer Vertrauen gar auf andere gesetzt, und deshalb seid ihr immer wieder enttäuscht worden und habt den Schaden gehabt. Obwohl Er sie immer wieder ermutigte und ermahnte: „Stärket die schlaffen Hände und befestigt die wankenden Knie! Saget zu denen, welche zaghaften Herzens sind: Seid stark, fürchtet euch nicht, siehe, euer Gott kommt" (Jesaja 35, 3).

Im Neuen Testament mahnt Gott mit den folgenden Worten: „Bitte aber im Glauben, ohne zu zweifeln; denn der Zweifler gleicht einer Meereswoge, die vom Wind bewegt und hin und her getrieben wird. Denn jener Mensch denke nicht, daß er etwas von dem Herrn empfangen werde, ist er doch ein wankelmütiger Mann, unbeständig in allen seinen Wegen" (Jakobus 1, 6—8).

Jesus machte sich Sorgen darüber, ob Er wohl noch Glauben auf Erden finden würde, wenn Er einmal wiederkommt. Er hatte gerade mit einem Gleichnis klargemacht, daß der himmlische Vater ganz sicher Gebete erhört und hinzugefügt: „... Gott aber, sollte Er das Recht Seiner Auserwählten nicht ausführen, die Tag und Nacht zu Ihm schreien... Ich sage euch, daß Er ihr Recht ohne Verzug ausführen wird. Doch wird wohl der Sohn des Menschen, wenn Er kommt, den Glauben finden auf Erden?" (Lukas 18, 7.8).

Viele zweifeln, daß Gott immer noch Gebete erhört

Kann es sein, daß wir weiter mit unseren Sünden und Seelenwunden, mit unseren Niederlagen und Versagen leben, nur weil wir nicht wirklich glauben können, daß Gott unsere Gebete erhören wird? Glauben wir wirklich, daß Gott zur rechten Zeit auf unsere Gebete antworten wird? Viele Christen haben diese Zuversicht und dieses Vertrauen zu Gott schon verloren. Im tiefsten Grunde ihres Herzens sind sie nicht mehr überzeugt davon, daß durch ihre Gebete irgend etwas geändert werden kann; und deshalb handeln sie zumeist auch, ohne nach ihrem Herrn zu fragen oder auf Ihn zu warten.

Statt alle Dinge vertrauensvoll in die Hand des Herrn zu legen und Seinen Verheißungen zu glauben, versuchen wir es mit allen Kräften, die Dinge auf unsere eigene Weise zu regeln. Wenn es dann schief geht und die Probleme vielleicht nur noch größer werden, machen wir Gott deshalb Vorwürfe.

Eine junge geschiedene Frau sagte zu mir: „Ich war schon fest entschlossen, mich heute nacht total zu betrinken. Ich habe nun ein ganzes Jahr darum gebetet, mein Mann möge zu mir zurückkehren, statt dessen hat er ein Verhältnis mit einer anderen Frau begonnen. Da Gott meine Gebete nicht erhört hat, wollte ich mich betrinken, um Ihm zu zeigen, wie ärgerlich ich auf Ihn bin." Arme Frau, sie wollte sich betrinken, um damit Gott sozusagen zu bestrafen. Wie vielen anderen Menschen auch, die Gott um etwas bitten, ging es ihr nur um ihre egoistischen Wünsche; sie wollte nicht mehr allein sein und wünschte die Befriedigung ihrer sexuellen Bedürfnisse. Daß sie weitgehend mitschuldig war am Zerbruch ihrer Ehe und damit auch Gott betrübt hatte, daran dachte sie nicht. Ihr inneres Leben war immer noch in Unordnung, und sie hätte ihre Ehe mit dieser Einstellung ein zweites Mal zerstört, wenn Gott sie jetzt schon erhört hätte. Ihr Versagen und ihre Verzweiflung wären dann nur noch größer geworden. Gott mußte erst mit ihr fertig werden können, ehe Er ihre Ehe wieder reparieren konnte. Aber das wollte sie nicht begreifen.

Seien Sie einmal ehrlich. Ist Ihr Glaube in letzter Zeit schwach gewesen, und haben Sie für manche Dinge, für die Sie nun schon lange gebetet haben, fast die Hoffnung aufgegeben? Sind Sie müde geworden? Sagen Sie vielleicht: „Ich weiß nicht, was mit meinen Gebeten nicht in Ordnung ist, aber es scheint so, als könnte ich Gott nicht erreichen. Er will sicher mit mir nichts mehr zu tun haben."

Was ist mit all den einsamen Menschen in der Welt, die

unter ihrer Einsamkeit leiden? Was ist mit den jungen, unverheirateten Menschen, die Gott jahrelang um einen Ehepartner bitten? Erhört Gott solche Gebete immer noch? Auch in unserer Zeit? Kann Gott solchen gläubigen Christen, die Ihm auch für ihren Lebensgefährten vertrauen, wirklich auf Seine wunderbare Weise den rechten oder die richtige in den Weg führen? Ja, Er kann! Doch ich weiß von Gesprächen mit Hunderten von einsamen Menschen, daß die meisten heute nicht mehr genug Glauben haben, um dies von Gott zu erwarten. Da wird nur kurz gebetet. Viel lieber ergeht man sich in Selbstmitleid und Furcht, man könne allein bleiben müssen. Der Glaube ist schwach, weil diese Christen geistliche Krüppel sind. Dann rennen sie herum und versuchen auf allerlei menschliche Weise, die Gott gewiß nicht gefallen kann, ihren Lebensgefährten zu finden.

Ich möchte allen einsamen Menschen und allen, die nach dem richtigen Lebensgefährten Ausschau halten, sagen: Kommt zurück zu dem schlichten, kindlichen Glauben und sucht mit euren Anliegen im Gebet Gottes Angesicht. Richtet euer Verlangen mehr auf Jesus, statt auf Freunde oder Ehegefährten, die ihr sucht. Gott weiß, was ihr bedürft und wird euch geben, was ihr braucht.

Gott, hilf mir, oder ich werfe alles hin

Fast überall, wohin ich komme, erzählen mir Christen, und sogar Pastoren, daß ihnen in ihrem Leben etwas fehlt. Ein Pastor sagte es etwa so zu mir: „David, ich bin so hungrig nach Gott. Ich fühle mich innerlich so zerbrochen und weine und schreie stundenlang zu Ihm. Ich fühle, daß irgend etwas in mir durchbrechen will, weil ich mehr von Gott haben möchte und besser für Ihn leben möchte. Ich möchte mehr in der Heiligung leben. Ich möchte Gott wirklich neu begegnen. Ich bete darum, daß dieses Verlangen nicht wieder schwindet, sondern immer weiter wächst, bis ich endlich einen neuen Durchbruch erlebe. Doch traurigerweise hält dies immer nur einige Wochen an, dann verschwindet der innere Hunger wieder, und ich kehre zurück zu dem alten, innerlich leeren und trockenen Leben. Ich komme Gott manchmal so nahe, scheine aber nie wirklich zu Ihm durchbrechen zu können. Und dann verliere ich den Mut wieder und sage mir: »Du hast dir vielleicht nur selbst etwas eingeredet.«"

Geht es Ihnen vielleicht ähnlich? Fühlen auch Sie Ihr geistliches Leben trockener werden? Empfinden Sie, daß Sie neue Freude, neuen Glauben und neuen Sieg brauchen, aber daß irgend etwas in Ihrem Leben Sie zurückhält? Sind Sie mutlos geworden? Leben Sie vielleicht unter ständigen Selbstvorwürfen und glauben, Sie würden Gott fortwährend mißfallen?

Ich glaube, viele Christen heute denken tief in ihrem Herzen: „Gott, hilf mir, oder ich werfe alles hin." Diese Menschen würden das so nie sagen, aber sie denken: „Gott, ich bin so schwach und werde mit den Sünden in meinem Leben nicht fertig. Ich kann die Versuchungen nicht überwinden und kann nicht richtig beten. Ich habe Angst, total zu versagen."

Gott gibt keine Rätsel auf

Was will Gott uns sagen, wenn unsere Gebete nicht gleich beantwortet werden, wenn unsere innere Not bleibt und die Sorgen uns weiter bedrängen dürfen? Oft ist Gottes Liebe zu uns zu solchen Zeiten größer als je. Sein Wort sagt: „Wen der Herr liebt, den züchtigt Er" (Hebräer 12, 6). Wenn ich nur Kummer und Not sehe, könnte es doch Seine Liebeshand sein, die mir aus meiner eigenen Hartnäckigkeit und meinem Stolz heraushelfen will. Vielleicht will Gott damit sagen: „Du hast Mich gebeten, dich zu einem besseren Werkzeug für Mich zu machen. Die Lage, in der du dich jetzt befindest, trägt dazu bei, denn du wirst durch die Leiden geistlich wachsen und lernen, Mir gehorsamer zu sein."

Wir vertrauen oft unserem Glauben statt Gott. Wir legen mehr Gewicht auf die Kraft unserer Gebete, als auf die Kraft Gottes. Wir möchten all Sein Handeln immer begreifen, statt Ihm zu vertrauen. Und wenn dann Dinge geschehen, die nicht in unseren Plan und unsere Vorstellung hineinpassen, sagen wir:

„Das kann nicht von Gott sein, denn Er würde so etwas nicht tun.“

Wir sind oft so sehr damit beschäftigt, Gott zu überreden, unsere Wünsche zu erfüllen und auf unsere Pläne einzugehen, daß wir dabei vergessen, daß Er eigene Pläne und Absichten mit uns hat. Wir beten so eifrig, Gott möge die Dinge ändern, daß wir vergessen, daß Gott auch uns ändern will. Gebet und Glaube sind uns doch von Gott nicht als zwei Geheimwerkzeuge in die Hand gegeben, mit denen wir sozusagen als „Experten“ etwas aus Gott herausbeten können, was vielleicht gar nicht Seinem Willen entspricht. Wir sollten zuerst im Gehorsam nach Seinem Willen fragen. Denn wenn wir nach Gottes Willen beten, hat Er ja verheißen, daß Er uns geben will, worum wir Ihn bitten. Warum sollten wir also versuchen, eine Tür aufzuschließen, die schon geöffnet ist? Gott ist bereit, uns mehr zu geben, als wir je aufnehmen können. Die Fenster und Türen des Vorratshauses unseres Gottes stehen weit offen, und unser himmlischer Vater will Seinen Segen reichlich schenken. Als Jesus sagte: „Klopft an, so wird euch aufgetan werden“, hat Er von unseren Türen gesprochen, die geöffnet werden sollen, damit wir empfangen können, nicht von Gottes Türen. Wir brauchen keinen Schlüssel, um als Seine Kinder in Seine Gegenwart zu treten, wohl aber den Schlüssel des Glaubens und Vertrauens, um uns Ihm weit zu öffnen.

Gott braucht unsere Gebete nicht, aber wir brauchen sie! Unser Glaube soll nicht Gott helfen, sondern uns! Manche haben aus Gebet und Glaube so etwas wie eine magische Formel gemacht, als gäbe es hier so eine Art Rätsel zu lösen, und alle, die das Rätsel mit dieser Geheimformel lösen, bekommen nun alles, was sie sich wünschen. Manche meinen, Gott durch ihren Glauben in eine Ecke drängen zu können, so daß Er für sie etwas tun muß, obwohl Er es gar nicht will, weil Er weiß, daß es nicht gut ist.

Viele Christen haben die wahre Bedeutung von Gebet und Glaube noch gar nicht erkannt. Sie meinen, Gott dadurch immer nur zum Geben veranlassen zu können, und wir sind die

Empfänger. Doch Gebet und Glaube sind die Straßen, auf denen zunächst wir selbst uns Gott ausliefern. Wir sollten im Gebet und im Glauben zu Ihm kommen und unseren Willen und unser ganzes Leben Ihm geben — uns Ihm völlig ausliefern, und nicht immer nur erwarten, daß Er uns etwas gibt. Er hat uns mit Seinem Sohn Jesus Christus schon weit mehr gegeben, als wir je fassen können.

Es gibt noch Besseres als erhörte Gebete

Möchten Sie Gottes eingelöste Verheißungen oder möchten Sie Gott selbst in Ihrem Leben haben? Möchten Sie, daß vor allem Ihre Gebete erhört werden, oder möchten Sie viel mehr den, durch den alle Dinge zum Guten mitwirken? Stellen Sie sich eine Frau vor, die ihrem Mann nur deshalb die Treue hält, weil er sie immer so reich beschenkt. Sie benutzt seinen Namen, weil er ihr Ansehen einbringt, und verfügt großzügig über sein Bankkonto, um sich alle Bequemlichkeiten und Vergnügungen zu erfüllen. Doch für ihren Mann selbst hat sie nur wenig Zeit, weil sie so sehr mit ihren Wünschen beschäftigt ist. Ob sie aus wirklicher Liebe zu ihrem Mann handelt?

Liebe Christen, behandeln wir unseren Herrn, unseren himmlischen Bräutigam, nicht oft genauso? Wir möchten Seine Segnungen, sind aber wenig an Seiner Liebe interessiert. Doch alle Verheißungen, die uns gegeben sind, können wir nur *in* Ihm, in Christus selbst, haben, nicht nur einfach *von* Ihm.

Will Gott alle Verheißungen in unserem Leben erfüllen? Ganz sicher! Wird Er unsere Gebete erhören? O ja! Wird Er mich trösten, befreien und mit Seiner Gnade erfüllen? Er will es sicherlich gern tun! Doch alles hängt davon ab, daß ich mich Ihm öffne, Ihn suche und Ihm vertraue, daß Er mir nichts, was mir zum Guten dient, vorenthalten will.

Gott hat uns nicht vergessen und wird uns nicht vergessen! Niemals! Deshalb hören Sie auf, sich den Kopf zu zerbrechen, warum Er Sie scheinbar nicht erhört, und nach Geheimformeln zu suchen, mit denen Sie Ihn dazu bringen können, daß Er immer Ihren Willen tut. Vertrauen Sie Ihm einfach, wie ein Kind seinem Vater vertraut. Hören Sie auf zu zweifeln und sich Sorgen zu machen. Gott meint es nur gut mit Ihnen, Er hat Seine Ohren sicherlich nicht vor Ihnen verschlossen. Er wird ganz gewiß helfen, ganz gewiß antworten — aber zu Seiner Zeit.

13. Kapitel

Wird Gott je mein Gebet erhören?

Haben Sie auch schon einmal so gefragt? Gibt es eine besondere Sache, für die Sie schon lange beten, wo aber keine Erhörung in Aussicht scheint? Fragen Sie sich manchmal, ob die Antwort überhaupt je kommen wird? Haben Sie von Ihrer Seite aufrichtig alles getan, was nötig ist — geweint, gefastet und Gott voller Eifer im Glauben angefleht? Und doch scheint nichts zu geschehen? Wenn Sie auf all diese Fragen mit ja antworten müssen, können Sie sich trösten; es gibt noch viele Christen, die ähnliche Erfahrungen gemacht haben. Auch die treuesten Kinder Gottes haben schon erlebt, daß ihre Gebete nicht gleich beantwortet wurden.

Ich danke Gott für jeden Pastor, der Glauben predigt. Ich tue dies auch! Ich bin so dankbar für Bibellehrer, die davon reden, daß Gott heute noch Wunder tut und unsere Gebete erhört. Vielleicht ist die Christenheit so ungläubig geworden, daß Gott uns eine besonders neue Offenbarung Seiner wunderbaren Verheißungen geben muß.

Es wird heute sehr viel davon geredet, daß wir „unseren Glauben aussprechen müssen". Auch werden Gottes Kinder dazu gedrängt, positiv zu denken und so die Verheißungen Gottes festzumachen. Man sagt uns, wir müssen alle verborgenen Probleme in Ordnung bringen — sogar zurück bis zu unserer Kindheit. Und wir werden belehrt, die Ursache für unsere nicht erhörten Gebete und nicht geheilten Krankheiten sei darin zu suchen, daß wir nicht in der rechten Weise glaubten. Einer dieser Glaubens-Lehrer sagte: „Glaube ist wie ein Wasserhahn, sie können aufdrehen und zudrehen."

Das klingt alles so einfach. Brauchen Sie ein Wunder finanzieller Art? Sie sollten, so heißt es, einfach alle Hindernisse und allen Unglauben beiseite schieben und im Glauben aussprechen, daß Gott Ihr Gebet erhört hat — und das Geld wird kommen! Möchten Sie wieder mit Ihrem geschiedenen Ehepartner vereint werden? Ganz einfach! Sprechen Sie es im Glauben aus, und stellen Sie sich vor, daß es geschieht — und Sie werden es erleben! Liegt ein Mensch, den Sie lieben, im Sterben? Unterrichten Sie Gott darüber, daß Sie nicht bereit sind, eine Ablehnung Ihres Gebets um Heilung des Sterbenden zu akzeptieren; erinnern Sie Ihn an Seine Verheißungen und sprechen Sie aus, daß Sie an die Heilung glauben — dann wird es geschehen. So wird es heute gelehrt. Und wenn Ihr Gebet nicht beantwortet wird — wenn der Ehepartner nicht zurückkehrt, das Geld nicht kommt, der Schwerkranke doch sterben muß —, dann kann es wohl allein Ihre Schuld sein. Irgendwie hatten Sie negative Gedanken oder Sie haben Ihren Glauben nicht in der biblischen Weise bekannt oder waren vielleicht sogar unaufrichtig. Ein Glaubens-Lehrer schrieb: „Wenn Ihnen nicht die gleichen Ergebnisse zuteil werden wie mir, dann haben Sie eben nicht alles getan, was ich tat."

Ich will mich hier keinesfalls lustig machen. Denn ich glaube, daß Gott Gebete erhört. Von ganzem Herzen glaube ich das! Doch wir erhalten in unserem Büro laufend Briefe von verwirrten oder verzagten Gläubigen, die uns fragen: „Was ist mit mir nicht in Ordnung?" Sie haben all die Gebets- und Glaubensformeln, die gelehrt werden, angewandt, aber es geschieht nichts. Eine bekümmerte Dame schrieb: „Ich habe mein Herz geprüft und jede Sünde bekannt. Ich habe alle dämonischen Mächte durch die Kraft des Wortes Gottes gebunden. Ich habe gefastet, gebetet, die Verheißungen Gottes im Glauben ausgesprochen — doch ich habe keine Antwort erhalten. Was mache ich falsch? Ich muß vielleicht geistlich blind sein, oder etwas ist nicht in Ordnung mit mir."

Glauben Sie mir, es gibt Tausende von Christen, die entmutigt sind, weil ihre Gebete nicht gleich beantwortet werden, obwohl sie die Verheißungen Gottes im Glauben ergriffen und ausgesprochen, mit ihrem Mund bekannt haben, und alles taten, was man ihnen sagte. Sie hören die Predigten, in denen ihnen so positiv berichtet wird, daß der Glaube nie unbeantwortet bleibt im Leben derer, die dies predigen. Sie hören die Zeugnisse der Menschen, die sich an diese Glaubens- und Gebetsformeln hielten und die immer positive Resultate erzielten — und dann schauen sie auf sich selbst, verlieren den Mut und beginnen sich zu verurteilen.

Ich möchte ganz offen mit Ihnen über nicht gleich erhörte Gebete reden. Zunächst möchte ich ganz klar feststellen, daß ich mich über alle Pastoren freue, die ihre Zuhörer zum rechten Glauben ermutigen können. Es sind wirklich Männer und Frauen Gottes. Wir alle müssen uns mehr darauf besinnen, welche Macht der Glaube hat und daß Gott durch unseren Glauben wirken will. Dies ist alles sehr biblisch, und auf dem Glauben, der sich in vollem Vertrauen an Gott wendet, ruht eine große Verheißung. Nur ein Problem ist dabei: Wenn wir zuviel Betonung auf die Formel des „im Glauben aussprechen, was wir von Gott erbitten" legen, dann könnten wir damit zu einseitig und extrem werden. Viele Menschen, die ihr Vertrauen auf den Herrn setzen und deren Gebete nicht gleich erhört werden, können dadurch entmutigt und in ihrer Seele verletzt werden. Manche sind deshalb schon verzagt, weil sie hörten, daß die noch nicht beantworteten Gebete allein ihre eigene Schuld sind. Mit anderen Worten: Sie haben etwas falsch gemacht oder etwas stimmt mit ihnen nicht, deshalb funktioniert das „Beten und im Glauben die Erhörung aussprechen" nicht. Doch wir können unsere Seele nicht mit unseren eigenen Versprechungen über Heilung, Hilfe, Reichtum und Erfolg füttern, genauso wenig wie wir gesund und kräftig sein können, wenn wir immer nur süßen Nachtisch essen wollen. Der rechte Glaube kommt aus dem Hören des *ganzen* Wortes, nicht nur der Teile, die wir uns oft gern heraussuchen.

Was ist zum Beispiel mit der Wahrheit der Bibel, die uns lehrt, daß wir durch Leiden Gehorsam lernen? So ging es Jesus (Hebräer 5, 8), und wir sollen in allen Dingen Seinem Beispiel nacheifern. Unser Glaube sollte sich nicht davor fürchten, sich auch mit den Stellen der Bibel zu befassen, die davon reden, daß Gott nicht immer alle Gebete gleich beantwortet, sondern daß Er manchmal auch eine Zeitlang schweigt oder in Seiner Souveränität manchmal Dinge tut, die wir Menschen nicht verstehen.

Petrus ermahnt uns, daß unser Glaube nicht allein stehen sollte, sondern daß anderes dazu gehört. Er sagt: „Reicht in eurem Glauben die Tugend dar, in der Tugend aber die Erkenntnis, in der Erkenntnis aber die Enthaltsamkeit, in der Enthaltsamkeit aber das Ausharren (Geduld), in dem Ausharren aber die Gottseligkeit“ (2. Petrus 1, 5.6). Glaube ohne Geduld, Tugend und Selbstzucht wird egoistisch und ist unausgeglichen.

Nicht alle Krankheiten kommen durch Dämonen und andere üble Geister. Die meisten werden durch einen Mangel an Selbstzucht, durch zuviel Essen — oder soll ich Gefräßigkeit sagen? — und durch andere schlechte Gewohnheiten verursacht. Diese verweichlichte und genußsüchtige Generation stopft Berge von gutem Essen, köstlichen Desserts und vergifteten Gemüsen in sich hinein. Wenn unser Leib dann davon schwach und krank wird, rennen wir voller Angst zu Gott und bitten um ein Allheilmittel. Wir sind bereit, alle möglichen Dinge zu tun, um geheilt zu werden — nur ein wenig Selbstzucht üben, das wollen wir nicht. Und obwohl Gott in Seiner großen Barmherzigkeit oft Gnade schenkt und uns gesund macht, täte uns doch ein wenig mehr Selbstzucht beim Essen und auf anderen Gebieten recht gut. Wir sehen in der Bibel, daß es Gelegenheiten gibt, in denen Gott nicht hören wollte oder konnte, ganz gleich, wie oft Er gebeten wurde, wieviel Glaube vorhanden war und wie positiv dieser Glaube bekannt wurde. Paulus wurde von dem, was ihn quälte, nicht befreit, obwohl er ernstlich darum bat. „Um deswillen habe ich dreimal den Herrn angerufen, daß er von mir ablassen möge“ (2. Korinther 12, 8). Aber Gott erhörte ihn nicht, weil Er nicht wollte, daß Sein Diener stolz wurde.

Doch beachten Sie bitte, was diese Erfahrung in Paulus bewirkte und was er daraus lernte: „Sehr gerne will ich mich nun vielmehr meiner Schwachheiten rühmen, damit die Kraft Christi bei mir wohne. Deshalb habe ich Wohlgefallen an Schwachheiten, Mißhandlungen, an Nöten, an Verfolgungen, an Ängsten um Christi willen; denn wenn ich schwach bin, dann bin ich stark" (2. Korinther 12, 9.10).

Fehlte es Paulus an Glauben? War er angefüllt mit negativen Gedanken und bekannte hier die falschen Dinge? Warum predigte Paulus nicht, was man heute so oft hört: „Du brauchst nicht unter Schwachheiten, Armut, Elend und Kummer zu leiden. Ergreife den Sieg, und alle Leiden und alle Not müssen verschwinden"?

Paulus wollte mehr als Heilung, mehr als Erfolg, mehr als Befreiung von stechenden Dornen — er wollte Christus! Deshalb konnte er sagen: „Ich preise Gott auch in den Leiden, denn Gott ist auch darin in meinem Leben an der Arbeit."

Wir könnten unsere Meinung und unseren Glauben, wie wir ihn sehen, auch mißbrauchen, wenn wir behaupten, Gott will nie, daß es Leiden gibt, und wenn wir dann mit unserem „Glauben" etwas von Ihm ertrotzen wollen, was vielleicht in der einen oder anderen Situation nicht nach Seinem Willen ist. Wir sollten auch bedenken, daß Gott unsere Gebete manchmal auch nur deshalb nicht beantwortet, weil Er für uns noch einen besseren Weg weiß und eben besser erkennen kann als wir, was gut für uns ist.

Einige meiner Gebete sind noch nicht beantwortet

Es gibt ein altes Sprichwort: „Ein aufrichtiges Bekenntnis ist gut für die Seele." Ich bekenne Ihnen hiermit, daß ich für zwei meiner Gebete bis jetzt noch keine Erhörung empfangen habe, obwohl ich seit vielen Jahren für diese beiden Dinge bete. Ich höre schon, wie jetzt einige sagen: „Bitte, Bruder Wilkerson, tun Sie das nicht, das ist ja negativ! Sie sprechen die falschen Dinge aus! Kein Wunder, daß diese beiden Gebete noch nicht erhört wurden." Solche Ansichten amüsieren mich mehr, als daß sie mich verletzen. Ich weigere mich, die Tatsachen einfach zu übersehen. Die Tatsachen sind, daß ich um diese beiden Dinge schon lange ernstlich und aufrichtig bete. Ich habe dafür im Glauben die Verheißungen Gottes ergriffen; ich habe Vertrauen zu Gott, daß Er alles zu tun vermag. Doch Jahre sind vergangen, und diese beiden Gebete sind noch nicht erhört. Tausende meiner Gebete sind beantwortet worden. Ich erlebte fast an jedem Tag meines Lebens Gebetserhörungen. Gott hat für mich schon große Wunder getan; doch trotzdem hat Er diese beiden Gebete noch nicht erhört.

Ich werde es ganz getrost den „Gebets-und-Glaubens-Experten" überlassen, herauszufinden, wo die Gründe für die beiden noch nicht erhörten Gebete liegen könnten. Soweit es mich angeht, beunruhigt mich dies überhaupt nicht. Ich habe die Zeit auch erlebt, wo ich mir dieserhalb Selbstvorwürfe gemacht habe und verzagt war, doch Gott hat mir mittlerweile einen ausgeglicheneren Glauben gegeben. Mein positives Bekenntnis ist, daß Gott immer am besten weiß, was gut für mich ist und was nicht, und daß Er nichts zulassen wird, was mir wirklich schaden kann, ganz gleich, ob ich es immer verstehe oder nicht — ich muß ja nicht unbedingt verstehen, ich darf vertrauen. Und welche Freude und Freiheit habe ich erlebt, seit ich nicht mehr davon abhängig bin mit meinem Glauben, ob meine Gebete immer sofort erhört werden. Welch ein Segen ist es doch, wenn Sie lernen, Ihren Glauben auf Jesus auszurichten und darauf, daß sich Sein heiliges Wesen in Ihnen entfalten kann.

Werden meine Gebete noch erhört?

Ich glaube daran, daß der Heilige Geist alles richtig macht. Zu Gottes richtiger Zeit werden alle unsere Gebete auf die eine oder andere Weise beantwortet. Wichtig ist, daß wir bereit sind, all unsere Gebete unter die Leitung des Heiligen Geistes zu bringen, denn wir wissen oft nicht, wie wir beten sollen. Wir sind oft nicht bereit, mit Christus zu beten: „Dein Wille geschehe", denn es geht uns gar nicht darum, daß Gottes Wille geschieht, sondern daß unsere Wünsche erfüllt werden. Wir fragen uns oft nur, ob das, was wir uns wünschen, in Gottes Katalog zu den erlaubten Dingen gehört, und wenn wir dann davon überzeugt sind, begeben wir uns damit kühn in die Gegenwart Gottes und sagen: „Herr, dies ist wirklich eine wichtige Sache für mich, Du kannst sie mir also nicht verweigern. Ich habe meinen Glauben geprüft, und ich nehme die Verheißungen Deines Wortes in Anspruch. Ich habe also alles getan, was die Regel erfordert — und deshalb wird mein Wunsch erfüllt werden, das erwarte ich; und zwar jetzt!"

Ich frage mich, wenn dies alles ist, ob wir den Glauben, von dem die Bibel redet, richtig verstanden haben. Ist der Glaube nur ein Werkzeug, um Gott zu bewegen, uns alle unsere Wünsche zu erfüllen? Wie korrupt kann unser Glaube doch werden, wenn er vor allem dazu dienen soll, uns ein neues Auto, ein Flugzeug, eine finanzielle Quelle, ein Haus oder anderes zu beschaffen. Echter biblischer Glaube sollte sich nach Christus ausstrecken, nicht nach vergänglichen Dingen.

Der Glaube ist eine Art positiven göttlichen Denkens, das stimmt schon. Doch Jesus warnt uns, dieses positive Glaubensdenken auf materielle Dinge zu richten. Er sagt, „nur die Heiden suchen nach solchen Dingen" (siehe Matthäus 6, 32). Wie deutlich belehrt Er doch hier Seine Jünger: „Deshalb sage Ich euch: Seid nicht besorgt für euer Leben, was ihr essen und was ihr trinken sollt, noch für euren Leib, was ihr anziehen sollt, ... denn euer himmlischer Vater weiß, daß ihr dies alles benötigt" (Matthäus 6, 25.32).

Sogar den Bösen kann es manchmal sehr gut gehen, und niemand wird wohl behaupten wollen, daß biblischer Glaube dafür die Ursache ist. Gott läßt Seine Sonne scheinen über Gerechte und Ungerechte.

Vergleichen Sie doch einmal den oft so materialistischen Glauben unserer Tage mit jenem Glauben, der uns in Hebräer 11 beschrieben wird. Jene Dinge, auf die diese großen Männer und Frauen Gottes hofften, passen nicht zu dem weltlichen Niveau unserer Tage. Das, was sie verwirklicht sehen wollten, waren nicht Geld, Häuser, Erfolg oder ein Leben ohne Leiden.

Ihr Glaube war darauf gerichtet, Gottes Wohlgefallen für ihr Leben zu finden.

Abels Glaube konzentrierte sich auf die Gerechtigkeit, die Gott schenkt. Henochs Glaube war so sehr auf Gott selbst ausgerichtet, daß dieser ihn von der Erde hinweg nahm. Abraham gebrauchte seinen Glauben, um sich dadurch immer wieder daran zu erinnern, daß er auf Erden nur ein Fremdling war. Sein Glaube für die irdischen Dinge reichte nur bis zu einem Zelt, weil er seinen Glauben auf eine Stadt ausrichtete, deren Baumeister Gott ist.

Nicht all die großen Glaubenshelden, die uns in Hebräer 11 beschrieben werden, wurden von ihren Leiden befreit. Nicht allen wurden all ihre Gebete erhört. Nicht alle wurden vor Not, Leid oder gar Tod bewahrt. Einige wurden gemartert oder verhöhnt, hatten Mangel und mußten durch Drangsal und Ungemach gehen und vieles andere (siehe Hebräer 11, 36—39). Hätten sie nicht aufstehen und im Glauben die eine große Verheißung für sich in Anspruch nehmen können, daß keine Plage sich ihrer Behausung nähern sollte?

Ja, ich weiß — das Glaubenskapitel Hebräer 11 schließt mit den Worten: „Da Gott für uns etwas Besseres vorgesehen hat" (Vers 40). Aber sollen wir uns unter diesem „Besseren", das Gott all denen bereit hält, die glauben, in unserer Zeit etwa vorstellen: bessere Einkommen und Reichtümer, bessere Gesundheit, bessere Pelzmäntel, ein besseres Wohlleben, bessere und größere Scheunen, die bis oben hin gefüllt sind?

Nein! Ich meine vielmehr, Gott hat uns dieses Bessere in Seinem Sohn Jesus Christus bereitet. Er kam auf die Erde und zeigte uns, noch über die Glaubenshelden aus Hebräer 11 hinaus, einen Glauben, der unser Vorbild sein könnte. Und dieser Glaube Jesu war auf eine Sache ausgerichtet, nämlich „den Willen des Vaters im Himmel zu tun". Auch wir sollten doch viel mehr darum beten und dafür glauben, daß Gottes Wille geschieht. Wir sollten mehr dafür beten, daß Gott etwas *in* uns tut und nicht nur *für* uns.

Sie sollten nicht gleich verzagen, wenn nicht jedes Ihrer Gebete sofort erhört wird. Fangen Sie nicht gleich an, sich selbst zu beunruhigen und nach Gründen zu suchen. Der Teufel wartet nur auf die Gelegenheiten, die Sie ihm dann bieten, um Zweifel in Ihr Herz zu streuen. Er wird darauf hinweisen, daß es anderen vielleicht besser geht und Gott diese Leute offensichtlich lieber hat als Sie. Oder er wird Ihnen einreden wollen, daß Sie ein zu großer Versager sind und Gott deshalb Ihre Gebete nicht erhören kann.

Aber Ihr Vertrauen zu Gott sollte größer sein, als daß es davon abhängt, ob Ihre Gebete immer beantwortet werden. Legen Sie doch getrost alle Ihre Gebete in die Hand Jesu, der unser großer Fürsprecher bei dem Vater ist, und gehen Sie dann unverzagt wieder daran, Ihre Pflichten zu erfüllen. Sie dürfen sich getrost sagen: „Er, mein wunderbarer Herr, ist alles, was ich brauche. Er wird mir nichts vorenthalten, sondern auf Seine Weise und zu Seiner Zeit wird Er mir geben, was immer ich bedarf. Und wenn Er einmal eine meiner Bitten nicht erfüllt, dann hat Er einen absolut guten Grund, der aus Seiner Liebe zu uns entspringt. Ganz gleich, was auch immer geschieht, ich werde stets Seiner Treue vertrauen."

Hilf uns, Gott, wenn sich unser Glaube mehr auf Gottes Schöpfung als auf den Schöpfer selbst richtet. Vergib uns, Herr, wenn uns die Erhörung all unserer Gebete wichtiger ist als unsere Bereitschaft, in allem Gottes Willen zu tun. Gehorsam lernen wir nicht durch die Dinge, die wir erhalten, sondern durch die Leiden und Anfechtungen, in denen wir bewährt werden. Sind Sie bereit, nachdem Sie Gottes Willen getan haben, geduldig in der Liebe Gottes zu ruhen und zu warten, bis Er Seine Verheißungen erfüllt?

Der Glaube ist eine Gnadengabe Gottes, kein Diplom für besondere Frömmigkeit. Je kindlicher Ihr Glaube Gott vertraut, ohne besondere Formen und Richtlinien, um so besser ist es. Der Heilige Geist will uns immer näher zu Jesus führen, so daß der Herr uns immer größer wird. Und je größer Jesus in unserem Leben werden kann, um so mehr wächst auch unser Glaube. Vertrauen Sie Gott, der es immer gut mit Ihnen meint, und halten Sie unverzagt und voller beständiger Hoffnung an Ihm fest, auch wenn einmal eines Ihrer Gebete nicht oder nicht gleich erhört wird; das ist kein Grund, mutlos zu werden.

14. Kapitel

Jesus und die Stürme

Jesus befahl Seinen Jüngern, ein Boot zu besteigen, das geradewegs in ziemliche Schwierigkeiten hineinfuhr. Die Bibel sagt: „Er trieb sie in das Schiff.“ Dieses Schiff würde bald in einen Sturm geraten und wie ein Korken hilflos auf den Wellen hin- und hergeschleudert werden. Und Jesus wußte das. „Und sogleich nötigte Er die Jünger, in das Schiff zu steigen und Ihm an das jenseitige Ufer vorauszufahren, bis Er die Volksmenge entlassen hatte" (Matthäus 14, 22).

Wo blieb Jesus denn? Er war oben auf dem Berg und konnte den See überblicken. Auf dem Berg betete Er für die Jünger, damit sie in der Prüfung, die vor ihnen stand, nicht versagen würden. Die Schiffahrt, der Sturm und die wütenden Wellen waren Teile der Prüfung, die der Vater für sie vorgesehen hatte. Sie sollten eine ihrer größten Glaubenslektionen lernen; die Lektion nämlich, wie man Jesus im Sturm erkennt.

Bis zu diesem Augenblick kannten sie Ihn als großen Wunderwirker; als den Mann, der aus wenigen Broten und Fischen große Mengen Nahrung machte; als den Freund der Sünder und den, der den Menschen das Heil bringen wollte. Sie wußten, daß Er für all ihre Bedürfnisse sorgte und sogar die Steuern bezahlte mit Geld, das im Maul eines Fisches gefunden wurde. Sie kannten Jesus als den Christus, den Sohn des lebendigen Gottes. Sie wußten, daß Er Worte des ewigen Lebens redete. Sie hatten miterlebt, daß Er sogar über die Werke des Teufels Macht hatte. Sie kannten Ihn als großen Lehrer und als den, der sogar Tote wieder zum Leben zurückrufen konnte.

Doch die Jünger hatten noch nicht gelernt, Jesus auch im Sturm zu erkennen. Und so kam es, daß sie ihren Meister mitten im Sturm nicht erkannten, obwohl sie glaubten, Ihn sehr gut zu kennen. Und genau hier liegt auch heute noch das Problem für viele von uns. Wir trauen Jesus zu, daß Er Wunder tun und Heilungen bewirken kann. Wir glauben, daß Er unsere Sünden vergibt und uns erlöst. Wir erwarten von Ihm, daß Er für unsere Bedürfnisse sorgt; und wir sind überzeugt, daß Er uns eines Tages in die Herrlichkeit bringen wird. Doch wenn plötzlich Stürme über uns hereinbrechen, scheint unser Glaube sich oft in nichts aufzulösen, und es fällt uns schwer, Jesus dann noch zu sehen. Wenn wir in Schwierigkeiten geraten, sind wir oft nicht mehr sicher, daß Jesus uns noch nahe ist. So ging es auch den Jüngern.

„Das Schiff aber war schon mitten auf dem See und litt Not von den Wellen, denn der Wind war ihnen entgegen. Aber in der vierten Nachtwache kam Jesus zu ihnen, indem Er auf dem See einherging. Und als die Jünger Ihn auf dem See einhergehen sahen, wurden sie bestürzt und sprachen: Es ist ein Gespenst. Und sie schrien vor Furcht. Sogleich aber redete Jesus zu ihnen und sprach: Seid guten Mutes! Ich bin's. Fürchtet euch nicht" (Matthäus 14, 24—27).

Der Sturm brach so überraschend und unerwartet über sie herein, daß sie gar nicht auf den Gedanken kamen, Jesus könnte nahe sein und über ihnen wachen. Einer sagte vielleicht: „Der Sturm kommt vom Teufel, der uns töten will, weil wir mit Jesus so viele große Dinge getan haben."

Ein anderer mag gemeint haben: „Was haben wir falsch gemacht. Einer von uns muß gesündigt haben. Wir wollen uns alle aufrichtig prüfen und unser Unrecht bekennen. Gott ist auf jemand hier im Schiff zornig."

Noch einer klagte vielleicht: „Warum gerade wir? Wir tun doch nur, was Jesus uns befohlen hat. Wir sind doch gehorsam und tun Gottes Willen. Warum trifft uns dann plötzlich dieser Sturm? Warum erlaubt Gott, daß wir in eine solche Notlage geraten, wo wir doch auf Seinem Weg sind?"

Doch als die Not am größten wurde, ging Jesus zu ihnen. Wie schwierig muß es für Jesus gewesen sein, so lange zu warten, da Er Seine Jünger doch liebte und sah, wie sie in dem Sturm litten. Doch Er wußte, es würde zur Stärkung ihres Glaubens dienen, wenn Er sich ihnen erst offenbarte, wenn sie selbst mit ihren Kräften am Ende waren.

Wir wollen nicht vergessen, daß Jesus den Sturm in jedem Augenblick durch ein einziges Wort stillen konnte. Die Jünger aber konnten das nicht. Hätten sie jetzt nur ihren Glauben betätigen müssen? (Ihr sollt noch größere Werke tun als diese.) Hätten sie die Verheißungen Gottes nur mutig bekennen und beten müssen? (Alles, was ihr bittet... sollte, ihr empfangen.) Gewiß, das stimmt. Doch es stimmt erst, wenn wir gelernt haben, Jesus auch im Sturm zu erkennen und im Glauben mitten im Sturm getrost zu sein, weil wir dem Herrn vertrauen.

Als die Jünger Jesus über den See kommen sahen, glaubten sie, es sei ein Gespenst. Sie konnten Jesus inmitten des Sturms nicht erkennen. Sie sahen ein Gespenst. Der Gedanke, Jesus könne ihnen in dieser Situation so nahe sein, kam ihnen gar nicht.

Die große Gefahr

Hier ist eine Gefahr, in der wir uns alle befinden, daß wir nämlich in unseren Schwierigkeiten Jesus nicht sehen können und statt dessen Gespenster erblicken. Wir sollten wissen, daß auf dem Höhepunkt der Furcht, wenn der Sturm am lautesten tobt, die Wellen sich am heftigsten türmen und die Hoffnungslosigkeit uns überwältigen will, Jesus uns immer nahe ist, um sich uns als der Herr der Stürme und der Erretter aus dem Unheil zu offenbaren. „Der Herr thront auf der Wasserflut, der Herr thront als König ewig“ (Psalm 29, 10).

Durch die Furcht verloren die Jünger auch ihren klaren Blick. Jetzt war es nicht mehr nur die Angst vor dem Sturm, sondern eine neue Furcht kam hinzu — Gespenster! Der Sturm ließ in ihrer Einbildungskraft geheimnisvolle Geister wachsen. Man sollte meinen, daß wenigstens einer der Jünger noch erkannte, was geschah und beruhigend sagte: „Hört, Freunde, der Meister hat gesagt, daß Er uns nie verlassen wird. Er hat uns beauftragt, in diesem Schiff über den See zu fahren. Es ist also Sein Wille, daß wir hier sind. Seht also genauer hin: Es ist kein Gespenst, sondern unser Herr! Er hat uns nicht verlassen, sondern Er ist hier. Er hat uns die ganze Zeit nicht aus den Augen verloren, sondern hat immer alles unter Kontrolle!"

Doch keiner der Jünger erkannte Ihn. Sie erwarteten einfach nicht, daß Jesus in diesem Sturm zu ihnen kommen würde. Gewiß, sie erwarteten, daß Er Seine Macht erwies, wenn sie Kranke und Besessene zu Ihm brachten; daß sie Seine Weisheit immer wieder bewundern konnten, wenn sie mit schwierigen Fragen zu Ihm kamen; und sie erwarteten, daß Er eines Tages zur rechten Hand des Vaters sitzen und sie zu Königen und Priestern machen würde; aber daß Er hier in diesem Sturm zu ihnen käme und ihnen schon so nahe war, das erwarteten sie nicht. Für sie war der Sturm ein unerwartetes Unglück, ein tragischer Zufall, ein Schicksalsschlag, dem man sich fügen mußte — und eine ganz unnötige Prüfung; es war eine einsame und angsterfüllte Reise durch Finsternis und Verzweiflung. Es war eine Nacht, in der man allein und vergessen war.

Doch Gott sah den Sturm ganz anders. Er war für die Jünger eine ähnliche Bewährungsprobe, wie die Versuchung in der Wüste für Jesus gewesen war. Hier gab es keine Wunder, hier war man in einem kleinen, zerbrechlichen Schiff eingeschlossen und weit entfernt von dem Segensberg Tabor, scheinbar nur dem Wüten der Naturgewalten ausgeliefert. Gott ließ zu, daß das Schiff in den letzten Fugen ächzte, aber Er ließ nicht zu, daß es sank!

Die größte Lektion

Die Jünger sollten hier eigentlich nur eine einzige Lektion lernen. Und zwar war es eine sehr einfache Lektion, keine tiefschürfende, mystisch-geheimnisvolle oder welterschütternde. Jesus wollte nur, daß sie lernten, in jedem Sturm des Lebens Ihm als ihrem Herrn zu vertrauen. Er wollte, daß sie ihre Zuversicht und ihren Glauben auch in der dunkelsten Stunde der Prüfung festhielten; das war alles!

Jesus wollte keinesfalls, daß sie Geister beschworen. Doch leider taten die Jünger das, so, wie wir dies von Zeit zu Zeit auch tun. Ich glaube fast, Jesus ist jedem der zwölf Jünger in ihrer Vorstellungskraft als ein ganz anderes Gespenst erschienen. Zwölf verschiedene Gespenster! Vielleicht dachte der eine: „Ich kenne diesen Geist — es ist der Lügengeist! Ich habe vor einigen Wochen gelogen, und deshalb ist nun dieser Sturm gekommen. Aber ich werde nie wieder lügen. Wenn wir nur aus diesem Unheil herauskommen, werde ich nie wieder die Unwahrheit sagen."

Ein anderer dachte vielleicht: „Das ist der Geist der Heuchelei. Ich habe zwei verschiedene Gesichter und bin ein Heuchler. Jetzt kann ich sehen, wohin ich damit gekommen bin. Aber das soll anders werden. Ganz bestimmt! Keine Heuchelei mehr, wenn ich nur wieder aus dem Sturm herauskomme."

Ein anderer: „Das ist der Kompromißgeist. Ich habe in der letzten Zeit zu viele Kompromisse gemacht und den Herrn enttäuscht. Das soll nie wieder vorkommen. Wenn ich noch eine andere Gelegenheit erhalte, soll alles anders werden."

Ein anderer: „Das ist der Habsuchtsgeist. Ich war zu materialistisch gesinnt und zu geizig. Jetzt sehe ich, wohin mich das führt."

Und so mag es fortgegangen sein. Jeder sah sein eigenes Gespenst mitten in dem Sturm erscheinen. Doch nein — und tausendmal nein! Keines dieser Gespenster war wirklich da, sie entstanden alle nur in der Einbildung der Jünger. Gott war nicht zornig mit ihnen und hatte deshalb etwa diese Geister gesandt! Sie waren nicht in dem Sturm, weil sie gesündigt oder versagt hatten, sondern weil Jesus sich ihnen neu offenbaren wollte. Jesus war hier an der Arbeit, um ihnen Seine Herrlichkeit von einer ganz neuen Seite zu zeigen.

So mag es oft auch in Ihrem Leben sein, lieber Freund. Wenn einmal ein Sturm aufzieht, hat ihn Jesus vielleicht zu dem Zweck bestimmt, daß Sie dadurch lernen, Jesus in allen Dingen zu vertrauen; nicht nur, wenn Wunder geschehen und Gott all Ihre Wünsche erfüllt — sondern auch inmitten des Sturms. Es ist so leicht, das Bewußtsein für die Gegenwart unseres liebenden und treuen Herrn zu verlieren, wenn die Anfechtungen uns bedrängen und die Stürme über uns hereinbrechen. Wie schnell fühlt man sich dann allein gelassen, wird mutlos und verliert alle Hoffnung. Da taucht der Gedanke auf: Auch der Herr hat mich jetzt verlassen. Aber das ist nicht wahr! Christus ist gerade jetzt besonders nah, mag Ihr Boot auch noch so sehr von den Wellen hin- und hergeworfen werden.

Und sehen Sie, das genau ist es, was wir aus den Stürmen lernen können: Jesus kann sich am machtvollsten immer dann offenbaren, wenn Er uns in dem Augenblick zu Hilfe kommt, wo wir diese Hilfe am dringendsten brauchen.

15. Kapitel

Die endgültige Heilung

Die Auferstehung vom Tod ist die „endgültige Heilung". Diese herrliche Wahrheit versuchte ich einmal einem tief betrübten Elternpaar klar zu machen, dessen fünfjähriger Sohn wenige Stunden vorher an Leukämie gestorben war. Sie hatten Gott buchstäblich gebettelt um die Heilung des Kindes, das sie so sehr liebten. Die gesamte Gemeinde hatte ernstlich um Heilung gebetet. Freunde hatten prophezeit: „Er wird nicht sterben, sondern gesund werden." Eine Woche vor dem Tod des Jungen hatte der bekümmerte Vater das in hohem Fieber liegende Kind auf seine Arme genommen, war mit ihm im Zimmer herumgegangen und hatte ständig gerufen: „Gott, ich werde nicht aufgeben, denn Deine Verheißungen sind wahr! Mein Glaube wankt nicht, Herr! Mehr als zwei oder drei sind in Deinem Namen eins geworden und haben um die Heilung meines Sohnes gebetet. Im Glauben spreche ich nun aus, daß ich diese Heilung jetzt in Anspruch nehme!" Trotzdem war das Kind dann gestorben.

Ich war anwesend, als der Junge in einen kleinen Sarg gelegt wurde. Voller Schrecken blickte ich in die niedergeschlagenen Gesichter meiner christlichen Freunde, die gekommen waren, den Toten zu betrauern. Die Eltern befanden sich in einem Schockzustand. Niemand wagte zu sagen, was er dachte. Ich wußte, daß die Gemeindeglieder es dachten; und der Pastor benahm sich so, als dächte er es auch; und die Eltern hatten gewiß die gleichen Gedanken. Was war denn nun der unaussprechliche Gedanke, der alle gefangen hielt? Einfach das: *„Gott hat unsere Gebete nicht erhört, also hat jemand versagt. Einer von uns hat*

Gottes Heilungskraft im Wege gestanden. Jemand ist verantwortlich für den Tod des Kindes; vielleicht wegen einer verborgenen Unversöhnlichkeit oder wegen einer nicht geordneten Sünde. Etwas oder jemand hat die Heilung verhindert."

Gerade in diesem Augenblick wurde mir eine der herrlichsten Wahrheiten des Evangeliums groß! Ich nahm die Eltern beiseite, um ihnen meine Gedanken mitzuteilen. ,,Zweifelt nicht an Gott", sagte ich, ,,eure Gebete sind erhört worden. Gott hat eurem Sohn die endgültige Heilung zuteil werden lassen. Euer Ricky hat nur diesen armen und kranken Körper verlassen, doch er ist jetzt geheilt und in einem besseren Zustand als vorher. Gott hat mehr getan, als wir alle erbeten haben. Ricky lebt und befindet sich wohl. Verändert haben sich allein sein Körper und sein Aufenthaltsort."

Die Eltern wandten sich verärgert von mir ab. Sie waren verbittert und verwirrt. Nach der Beerdigung verließen sie den Friedhof, und es begann für sie eine fünfjährige Periode voller Zweifel, unbeantworteter Fragen, Schuldgefühle und innerer Selbstprüfung und Selbstzerfleischung. Während dieser Zeit sind sie mir bewußt aus dem Wege gegangen. Doch Gott in Seiner Gnade findet immer wieder einen Weg zu aufrichtigen Herzen. Als die trauernde Mutter eines Tages wieder einmal voller Kummer betete, erinnerte der Heilige Geist sie an meine Worte. Plötzlich begriff sie und fing an den Herrn zu preisen: ,,Danke, Herr, Du hast Ricky geheilt! Du hast unsere Gebete beantwortet! Vergib unsere Zweifel, Herr. Ricky lebt ja und hat es besser als wir." Nie werde ich den Augenblick vergessen, als wir zusammenstanden und dem Herrn für Seinen Trost dankten. Rickys Vater bekannte: ,,David, wir waren so zornig auf dich. Wir glaubten, du seist herzlos, als du sagtest, unser eben verstorbener Sohn sei geheilt. Jetzt aber haben wir dich verstanden. Wir waren so egoistisch und konnten nicht verstehen, daß es so für unseren Sohn besser ist. Wir dachten nur an unsere Trauer und unser Leid. Doch jetzt hat uns Gott gezeigt, daß wir Ricky gar nicht verloren haben, sondern daß er nur schon vor uns zum Herrn gegangen ist."

Unser eigentliches Leben ist nicht hier

Das Leben, das wir jetzt in unseren sterblichen und anfälligen Körpern führen, ist nicht das endgültige. Jeder wahre Christ hat hier schon ewiges Leben erhalten, das wachsen und reifen soll. Eines Tages wird dieses neue, ewige Leben aus der Hülle des alten sterblichen Körpers ausbrechen, und wir werden in einen neuen Lebenszustand übergehen; und zwar in einen viel besseren Zustand, der diesem herrlichen neuen Leben aus Gott in uns viel besser gerecht wird. Preis sei Gott dafür!

So wie der Schmetterling die Hülle der alten Raupe verläßt, nachdem diese ihre Aufgabe erfüllt hat, so werden Gottes Kinder ihren alten, schwachen und gebrechlichen Leib verlassen, der von Erde gemacht ist. Wer käme je auf die Idee, die Reste der alten Raupenpuppe, aus der der Schmetterling ausgebrochen ist, zusammenflicken zu wollen, um den Schmetterling wieder da hinein zu zwängen? Ja, und wer wollte wohl wünschen, daß ein ihm lieber Mensch, von dem er weiß, daß er in Christus gestorben ist und nun in einem herrlichen neuen Leben sein darf, dessen Großartigkeit wir noch gar nicht ermessen können, wieder in diese alte gebrechliche Hülle zurückkehrt?

Sterben ist Gewinn

Paulus sagt: „Denn das Leben ist für mich Christus und das Sterben Gewinn“ (Philipper 1, 21). Diese Art des Denkens und Redens ist dem modernen Christen unserer Zeit ziemlich fremd. Wir sind Anbeter des diesseitigen Lebens geworden und haben wenig Verlangen, zu sterben und bei dem Herrn zu sein.

Wieder ist es Paulus, der sagt: „Ich werde aber von beidem bedrängt: Ich habe Lust abzuscheiden und bei Christus zu sein, denn es ist weit besser; das Bleiben im Fleisch aber ist nötiger um euretwillen“ (Philipper 1, 23).

Was war mit dem großen Apostel? War er innerlich mürbe und mutlos geworden? Hatte er gar Todessehnsucht? Achtete er dieses irdische Leben nicht, das Gott ihm gegeben hatte? Nichts dergleichen! Paulus lebte dieses Leben voll aus; er wußte, daß es ein Geschenk von Gott ist, um in diesem Leben den guten Kampf des Glaubens zu kämpfen. Doch er hatte die Furcht vor dem „Stachel des Todes“ überwunden und konnte nun sagen: „Es ist besser, zu sterben und bei dem Herrn zu sein, als weiter hier im Fleisch zu leben.“

Alle, die im Herrn sterben, sind die Gewinner. Wie tragisch ist es, daß es heute sogar viele Christen gibt, die auf jene Gotteskinder, welche dieses irdische Leben schon verlassen haben, wie auf Verlierer blicken, denen ein großes Stück Leben sozusagen weggenommen wurde. Wenn unsere geistlichen Augen und Ohren doch für einen Augenblick geöffnet werden könnten, damit wir die vorangegangenen Erlösten in der Herrlichkeit erblickten. Sie würden uns sicher zurufen: „Ich habe gewonnen! Ich habe gewonnen! Haltet aus, die ihr noch auf der Erde sein müßt und fürchtet euch nicht. Der Tod hat keinen Stachel für die Erlösten in Christus, und es ist wirklich wahr, daß es besser ist, bei dem Herrn zu sein!“

Hat jemand, den Sie lieben, dieses irdische Leben verlassen? Waren Sie vielleicht selbst dabei, als es geschah, oder sind Sie davon auf irgendeine Weise benachrichtigt worden? Welche Gefühle haben Sie ergriffen, als Ihnen klar wurde: „Er oder sie ist tot“?

Gewiß ist es verständlich, wenn wir über den Verlust, den wir erleiden, trauern. Sogar der Tod eines Erlösten ist für jene, die zurückbleiben, kummervoll. Doch als Nachfolger Christi, der als unser Herr doch den Schlüssel des Todes in Seiner Hand hält, sollten wir nicht glauben, der Tod eines Menschen sei jetzt ein Unfall, den der Teufel verursacht hat. Satan kann kein einziges Kind Gottes verderben. Obwohl es dem Satan erlaubt wurde, Hiobs Besitz zu vernichten und seinen Leib mit Krankheiten zu schlagen, durfte er ihn doch nicht töten. Gottes Kinder sterben zu Gottes Zeit, nicht eine Sekunde früher oder später. Wenn Gott die Schritte Seiner Kinder bewahrt, dann tut Er es auch bei dem letzten, der aus diesem Leben in das ewige hinüberführt.

Der Tod ist nicht die endgültige Heilung, sondern die Auferstehung ist es! Der Tod ist nur der Weg zu dem neuen Leben. Und manchmal kann ein Weg voller Not und Schmerzen sein. Ich habe manches wahrhaft erlöste Kind Gottes unter großen Schmerzen sterben sehen. Doch wir können auch hier wieder mit Paulus sagen: „Denn ich halte dafür, daß die Leiden der jetzigen Zeit nicht wert sind, verglichen zu werden mit der zukünftigen Herrlichkeit, die an uns geoffenbart werden soll" (Römer 8, 18). Welche Leiden uns hier in diesem Leben auch immer begegnen könnten, sie sind es nicht wert, mit der unaussprechlichen Herrlichkeit verglichen zu werden, die uns am Ende dieses Weges erwartet.

Gottes magnetischer Zug

Seit vielen Jahren habe ich immer wieder miterlebt, wie Menschen starben. Dabei durfte ich häufig das gleiche Erlebnis machen. Ich nenne es den „magnetischen Zug Gottes". Ich bin überzeugt davon, daß für erlöste Kinder Gottes das Wissen um ihren Heimgang schon einige Zeit vor ihrem letzten Atemzug kommt. Wenn der Herr den Schlüssel umdreht, beginnt dieser unwiderstehliche magnetische Zug des Heiligen Geistes, der den Gläubigen zu Gott hinaufzieht. Es wird ihm ein inneres Wissen gegeben, daß er jetzt heimgehen darf, und er sieht sehr oft schon ein kleines Stück der Herrlichkeit. Während Anverwandte und Freunde vielleicht noch um ihn versammelt sind und auf seine Gesundung hoffen, spürt man häufig, daß er selbst nicht mehr in seiner irdischen Hülle bleiben möchte. Ein kleiner Spalt der Ewigkeit hat sich aufgetan, durch den er schon einen ganz kleinen Blick auf die ewige Freude werfen darf. Jetzt wieder zurückkehren zu müssen wäre eine Enttäuschung.

Kürzlich stand ich am Bett einer gläubigen Christin und Mutter, die Krebs hatte und im Sterben lag. Das Krankenhauszimmer war erfüllt mit Gottes heiliger Gegenwart. Der Mann und die Kinder sangen leise christliche Lieder, und sie hob trotz ihrer Schwachheit den Kopf hoch und flüsterte: „Ich fühle den himmlischen Zug. Es ist wahr, Er zieht uns zu sich — und ich möchte nicht, daß mich noch irgend jemand aufhält." Wenige Stunden später hatte sie ihre äußere Hülle verlassen und war in die Herrlichkeit gegangen. Das Irdische war vom Himmlischen verschlungen worden.

Es ist so traurig, wenn Christen mit Gott hadern, weil Er ihre Lieben zu sich genommen hat. Sie sagen oft: „Herr, es kann nicht recht sein, was Du hier tust." Obwohl man die tiefe Betrübnis der Zurückbleibenden verstehen kann, glaube ich, daß es oft Egoismus ist, der Menschen so reden läßt. Wir denken nur an unseren Verlust, nicht aber an den Gewinn derer, die nun beim Herrn sein dürfen. Denn sie dürfen nun mit dem Herrn sein und Seine Liebe in der Fülle erleben.

Müssen wir auch hilflos dabei stehen, wenn einer unserer Lieben aus dieser Zeit in die Ewigkeit geht, so sollten wir uns doch daran erinnern, daß schon David sagt: „Kostbar ist in den Augen des Herrn der Tod Seiner Frommen" (Psalm 116, 15). Gott also freut sich, wenn Er einen Seiner Erlösten, der nun überwunden hat, bei sich begrüßen darf, obwohl uns, die wir noch zurückbleiben müssen, diese Erfahrung schmerzlich wird.

Eine junge Mutter erzählte mir eine traurige Geschichte. Sie hatte erleben müssen, wie ihre beiden Kinder starben. Das erste Kind starb, als es 18 Monate alt war, das zweite lebte nur etwa zwei Monate. Die Eltern hatten geglaubt, das zweite Kind sei ihnen gegeben worden, um sie für den Verlust des ersten zu entschädigen — und nun waren beide tot. Mutter und Vater gingen durch Monate innerer Selbstprüfungen. War da ungeordnete Sünde in ihrem Leben? Hatten Sie vielleicht an Gottes Heilungskraft gezweifelt und Ihn damit erzürnt? Waren sie auf die eine oder andere Weise verantwortlich für den Tod ihrer Kinder?

Dann kam an einem Tag, an dem sie wieder einmal besonders von Kummer und Zweifel und Selbstvorwürfen geplagt wurden, eine „gute christliche Freundin" zu ihnen und erklärte, sie habe eine „Botschaft vom Herrn" für sie. Der Tod der Kinder sei die Züchtigung des Herrn für sie, weil es verborgene Schuld und Unaufrichtigkeit in ihrer Ehe gäbe, erklärte sie. „Eure Kinder würden noch leben, wenn eure Herzen von Sünden gereinigt wären und ihr euch aufrichtig eure Verfehlungen bekannt hättet", mußten sie sich anhören.

Die bekümmerten Eltern waren vor Verzweiflung wie zerschlagen. Doch Gott in Seiner Gnade zeigte ihnen dann, wie lächerlich solche Gedanken waren. Solche Ansichten sind nichts anderes als tragischer Unsinn.

Ja, sollen wir denn nicht mehr für die Sterbenden beten, sondern alle aufgeben, die lebensgefährlich krank sind? Sollten wir uns, wenn es sich hier doch um die endgültige Heilung handelt, einfach hinlegen und den Tod erwarten? Niemals! Mehr als je zuvor glaube ich auch an göttliche Heilung! Wir sollten für jeden Kranken beten, damit er geheilt wird. Ich glaube ganz fest, daß der Herr Seine Nachfolger heilen will, wenn sie krank sind; und die einzigen, die Er nicht heilen wird, sind jene Seiner Heiligen, für die die Zeit der endgültigen Heilung, die Zeit ihres Abscheidens von dieser Erde, gekommen ist. Was aber ist wohl das größere Wunder: die Heilung eines kranken Organs oder Gliedes an unserem sterblichen Leib oder die Auferstehung von den Toten mit einem neuen, vollkommenen und unsterblichen Leib?

Wir sind oft zu erdgebunden

Jede Botschaft über den Tod beunruhigt uns. Wir versuchen sogar, nicht daran zu denken und verdächtigen solche, die doch davon reden, als seelisch krank. Von Zeit zu Zeit reden wir einmal darüber, wie wohl der Himmel sein wird, doch das Thema Tod ist gewöhnlich tabu.

Wie ganz anders waren da die ersten Christen. Paulus redet viel vom Sterben, und die Auferstehung von den Toten wird im Neuen Testament als unsere glorreiche Hoffnung bezeichnet. Doch heute betrachten auch die meisten Christen den Tod nur als Eindringling, der uns von dem guten Leben, das wir hier auf Erden führen können, hinwegreißt. Wir haben unser irdisches Leben so mit allen möglichen materiellen Dingen vollgestopft, daß wir uns kaum davon trennen können, sondern damit oft völlig erfüllt sind. Wir können uns nicht mehr mit dem Gedanken anfreunden, unsere schönen Häuser, die modernen Autos und alles andere verlassen zu müssen. Wir als Christen scheinen heute auch zu denken: „Wenn wir sterben müssen, ist dies doch ein großer Verlust. Gewiß, ich liebe den Herrn, doch ich möchte mich auch noch an meinem Besitz erfreuen; ich bin verheiratet und habe auch sonst noch viele Dinge, die ich erledigen muß oder noch gern tun würde. Jedenfalls brauche ich hier auf Erden noch mehr Zeit."

Ist Ihnen auch schon aufgefallen, daß heute sehr wenig über den Himmel und über unsere Heimat in der Herrlichkeit gesprochen wird? Statt dessen hören wir immer Botschaften darüber, wie wir unseren Glauben gebrauchen sollen, um mehr von unseren irdischen Wünschen erfüllt zu bekommen. „Die nächste Erweckung", sagte so ein, doch recht gut bekannter Prediger, „wird eine finanzielle Erweckung sein. Gott wird den finanziellen Segen auf Seine Nachfolger ausgießen." Ob da nicht das Wichtigste und das Nebensächliche doch ziemlich miteinander verwechselt werden? Kein Wunder, daß so viele wiedergeborene Christen heute vor dem Tod Angst haben.

Ich glaube, daß sich viele Christen von Jesu Aufforderung, die Welt zu verlassen und Ihm nachzufolgen, heute doch ziemlich weit entfernt haben. Er ruft uns auf, Ihm nachzufolgen, unser altes Leben zu vergessen und mit Ihm zu sterben, ohne uns darüber Gedanken zu machen, welches Denkmal wir für unser Gedächtnis hier auf Erden zurücklassen können. Jesus hinterließ keine Autobiographie, keine großen Gebäudekomplexe oder Bibliotheken, sondern nur Brot und Wein, mit dem wir uns fortwährend an Ihn erinnern sollen. Sollten wir uns nicht wieder mehr darauf besinnen, welches das Hauptziel unseres Glaubens ist?

Wo finden wir in der Bibel die größte Offenbarung biblischen Glaubens, und wie sollten wir diesen Glauben betätigen? Wir lesen darüber im Hebräerbrief: „Diese alle sind im Glauben gestorben und haben die Verheißungen nicht erlangt, sondern sahen sie von fern und begrüßten sie und bekannten, daß sie Fremdlinge und ohne Bürgerrecht auf der Erde seien... Jetzt aber trachten sie nach einem besseren, das ist nach einem himmlischen. Darum schämt sich Gott ihrer nicht, ihr Gott genannt zu werden, denn Er hat ihnen eine Stadt bereitet" (Hebräer 11, 13.16).

Hier ist mein aufrichtiges Gebet: „Herr, hilf mir, daß ich von den Bindungen an materielle Dinge loskomme. Hilf, daß ich Dein Geschenk dieses Lebens nicht für meine egoistischen Vergnügungen und Ziele vergeude. Hilf mir, all meine Wünsche unter Deine Kontrolle zu bringen. Erinnere mich immer wieder daran, daß ich auf dieser Erde nicht zu Hause bin, sondern nur Gast und Fremdling. Ich will nicht Dein Fan sein, Herr, sondern Dein Nachfolger. Aber vor allem bitte ich Dich darum, hilf mir, nie Furcht zu haben vor dem Sterben. Laß mich recht begreifen, daß es nur Gewinn bedeutet, wenn ich in Christo sterben kann. Hilf mir, mit großer Erwartung nach dem Augenblick meiner endgültigen Heilung Ausschau zu halten.

„Ich bin der Lebendige, und Ich war tot, und siehe, Ich bin lebendig in alle Ewigkeit" (Offenbarung 1, 18).

„Weil nun die Kinder Blutes und Fleisches teilhaftig sind, hat auch Er in gleicher Weise daran Anteil gehabt, um durch den Tod den zunichte zu machen, der die Macht des Todes hat, das ist der Teufel, und um all die zu befreien, die durch Todesfurcht das ganze Leben hindurch der Knechtschaft unterworfen waren" (Hebräer 2, 14.15).

„. . . jetzt aber geoffenbart worden ist durch die Erscheinung unseres Heilandes Jesus Christus, der den Tod zunichte gemacht, aber Leben und Unvergänglichkeit ans Licht gebracht hat durch das Evangelium" (2. Timotheus 1, 10).